向阳生长，不负此生

田青青　薛笨笨
陈小木　倾　城
著

中国法制出版社
CHINA LEGAL PUBLISHING HOUSE

序言：生而平凡，你当勇敢

一个人要走多少路才能走向坚强？每个人心里都有自己的答案。想必每个人的答案都不那么简单。对普通人来说，两手空空地来到这个世上，只身与生活交手，不经历无数次的难，不足以谈人生。

我是田青青，本书的作者之一。因为出了几本书，被人冠以“作家”的称号。事实上，我只是靠码字谋生罢了。在此之前，我尝试过很多种谋生方式。在餐厅端盘子被开除，在格子间当接线员养不活自己，进工厂做跟单被裁员……绕了很多弯路，我才发现写作是自己最喜欢也是最适合的谋生方式，而此前生活的一切刁难，都在推着我往这个方向走。

命运的玄妙就在于，你原本以为是自己某一步的行差踏错招致了生活的辛苦，走了很久的路才发现，过去的难也好，苦也好，最终都成全了往后的生活。人生没有哪一步路是白走的，每一个横在眼前的障碍都是我们逃不掉的功课。

谁不是在披荆斩棘中练就一身本事呢？

薛笨笨，一个心怀梦想却屡屡碰壁的职场人。刚踏入社会时，无法接受现实与理想的落差，在不同的行业里寻求出路。形单影只地穿梭了无数个城市后，她选择回到自己的家乡做一名自由职业者。勇敢地经历了这一程又一程的跋涉，她学会了欣赏生命里的每一处风景，无论远近。

陈小木，初中学历，有听力障碍。在离婚前只是一个普普通通的农村妇女，带娃、喂鹅、割猪草、做家务……离婚后，她独自带着女儿生活，做小工、接兼职，居然靠着一股子拼劲买下一套属于自己的小房子。要经历多少艰难，我们才能一步一步地走到今天？没有面对的勇气，就没有蜕变的可能。

倾城，为了全心全意照顾孩子，辞去了中层管理的工作，全职照料家庭。全力以赴并没有得到理想的结果，不仅孩子的成绩不尽如人意，生活的难题也一个个扑面而来。她陷入了焦虑，一度需要入院治疗。最终，她意识到内在成长的重要性才慢慢变得自洽。勇敢地觉察自己，学会与这个世界和平相处，是生活让她学会了接纳。

这三位姑娘和我一起完成了这本书。邀请她们一起完成这部作品，不为别的，只因普通人的生活值得被看见、普通人的成长值得被看见。这本书里没有惊天动地的传奇故事，只有普通人的喜怒哀乐与生活思考。我们都不是世俗意义上的成功者，但我们都走过很远的路，也许可以让人看到更多普通人的生活。

生命这一场厚礼，于每个人而言都有不同的意义。有的人生来就要立大业、成大事，而对于大多数普通人而言，在平凡的世界里升级打怪才是使命。

勇敢，或许是我们最应该修炼的功课。它意味着你不能逃避命运给你的一切课题，反而要借助它们看到更宽广的世界。命运里有我们改变不了的部分，也有强大的未知能量。如果能做到臣服命运并顺势而为，便拥有了应对生活最强大的智慧。即使命运偶尔出了一道难题，你也可以交上漂亮的答卷。

一个人最了不起的状态不是功成名就，而是对未来没有恐惧——能安守风和日丽，也无惧暴风骤雨。我们不需要被人仰望，做好自己的人生功课就已很了不起。

致敬生而平凡，却勇敢翻山渡河的每一个普通人。愿你们向阳生长，不负此生。

是为序。

田青青

目录

PART 1

PART 2 认知篇 ... 59

PART 3

PART 4 处世篇 ... 153

1

PART

1

心态篇

（本篇作者：田青青）

无论过去的牌多好或多坏，那都是过去的事情；眼下握着什么牌，我们尽力打好它便是。如果一直停留在一个坎儿上过不去，那么生活只会永远重复这一页。你不让过去过去，未来又怎么会到来呢？

选择不是一千种从天而降的机遇，而是你自己创造的一千种实现梦想的办法。

最完美的状态，不是从不失误，而是你从没放弃成长。

没有什么选择是一定对或者一定错的。所谓正确的决定，不过是选择自己能承受的，承受自己所选择的。

人，为什么要努力？

我遭遇过两次解雇。

第一次，是在一家西餐厅工作。那天我刚结束夜班，就收到了离职通知。部长说我“笨手笨脚的”，不符合他们的要求。这是我从湖北跑到广东谋得的第一份工作，只持续了十天。我收获了十天的温饱和九个晚上的床位，除此之外，没有一分钱工资。凌晨两点，我踩着满脚的血疱走在大街上，草草地哭了一场。街上路灯昏暗，稀稀拉拉的人影和车辆都让我毛骨悚然，我连哭都不敢放肆。后来我找到一间网吧，交了五块钱包夜，才得以不继续流落街头。

第二次，是在一家鞋厂工作。我清楚地记得，接到裁员电话的时候，我还在出差回厂的路上，刚确认好一款新样品的喜悦还没来得及跟人分享。

那是 2008 年，工作特别不好找。劳务市场挤满了求职的人，用人单位却没几家。我辗转了三个月都没有找到工作。这期间，我还遇上了有生以来最为屈辱的一次求职经历：在人才市场通过了初试，却在复试的时候被公司前台挡住了。小姑娘看完我的简历，不由分说地将我撵了出去，她说：“我们经理从来不面试高中毕业生。”

更糟糕的是，没过多久，我爸妈打工的工厂也倒闭了，一家四口一下子就失业了三个。

对未来的恐慌让我们孤注一掷。我们把所有的积蓄拿出来开了一家小服装店。为了节省开支，我们租着最便宜的房子，房间小得只有两张床垫那么大。爸妈睡床，我和妹妹睡地板，用餐桌的时候，就把地铺收起来。

这两段失业经历在我的生命里有着非同寻常的意义，它们时刻鞭策着我努力变强：如果不强大，就会被淘汰，也没有能力保护家人。

我们的服装店开在一个不显眼的商业城里，铺面便宜，当然，人流量也少。

铺面的邻居也大多是像我们一样走投无路的创业者。我们的对面是一对年轻夫妻，男人在餐厅打工，女人守服装店，带着一个不到一岁的孩子。他们一天只吃两顿饭，都是男人从餐厅后厨带回来的；孩子的纸尿裤每天一片，从早穿到晚，拉屎了也继续穿。我们的隔壁是一对中年夫妻，丈夫起早贪黑送快递，妻子带着孩子守店，肚子里怀着二胎。快递员的工作时间很长，除了接送孩子，很少见丈夫来店里。大多数时候，是妻子挺着大肚子，干着拣货、上货的体力活。

我曾以为我是世界上最惨的人，看了他们，我才知道，每一个人都活得极不容易。

我们的服装店只勉强撑了一年就倒闭了，但这一次创业失败并没有给我多大打击。我的成长生涯里，比创业失败更艰难的时刻还有很多，穷到寸步难行的时候，我跟路人乞讨过回家的路费；刚到广东工作没着落的时候，不敢买盒饭，一个馒头都恨不得分成两顿吃；当年被西餐厅扫地出门后无处容身，只能在老乡的出租屋里找张破席子铺在水泥地上当床……

在与这些小创业者为伍的日子里，我更是见识到了每个人在面对苦难时拥有的力量。生意惨淡的时候，我跟着他们一起，扛上架子和衣服，去繁华的商业街摆地摊，面向熙攘的人群大声吆喝。

真正过得苦的人，没时间哀叹命运。当前方的路被堵死的时候，他们马不停蹄地寻找着新的出路。而苦难见多了，似乎也不再那么可怕，甚至还可能滋生出一种信念：生活再不易，只要自己不放弃，总会有路可走。

很长一段时间里，我一直都在反省：为什么同是端盘子，别人一周能学会，我却花了十天还不够上岗资格？为什么同是公司裁员，别人总能迅速找到工作，我却屡次被人拒之门外？为什么同是开服装店，别人越做越大，我却惨淡收场？

困难是一所好学校，它让我自身存在的问题一个一个地浮出水面。不得不承认，面对某些事情，我必须比别人付出更多的努力；找工作的困难，除了让我正视自己低学历的短板外，还让我明白了自己在过往的打工生涯里学到的东西毫无竞争力；开店失败更让我意识到自己的眼界、见识是多么肤浅，以至于做任何决定都像是蒙着眼睛在赌博。

解决问题是一个漫长的过程。我花了六年的业余时间去攻克自考；也曾脱产半年去外语学院进修，那半年里，我没有玩过手机，甚至没登录过微信、QQ，每天除了在教室就是在图书馆，就连晚上睡觉说梦话都是用英语。

自知不适合创业，我便重新回归职场，踏踏实实地积攒实力；为了突破技能短板，除了必要的文书工作在办公室处理以外，其他时间我都在样品室和流水线上度过。渐渐地，我成了业务部里技术和能力最强的那个，也成了开发部里英文最强的那个，我从小透明变成了最好的员工。

曾羡慕别人升职加薪的我，后来也慢慢地尝到了甜头。

起点低一些怕什么，加倍努力就好了。

早在学生时代，我就梦想成为一名作家。35 岁那年，我重新拾起了文学梦，此时我已参加工作 17 年。

这 17 年的职业生涯，让我更清楚如何把一个目标变成现实。自从开始写作，我学会了珍惜时间，周末多睡 20 分钟都觉得自己是个罪人。我常常因为集中精力构思文章而忘记洗脸、忘记喝水、忘记吃饭……

写作很辛苦，也很快乐。有读者说，在人生最难过的日子里，是我的文章陪他熬过来的。也有读者说，我的书给了他成长的力量，改变了他对人生的态度。我大舅说，有一次公司领导组织他们学习文章，他一看署名就非常骄傲，很想大声告诉所有人“我就是作者的舅舅”。

这些，都是我前行的动力。

曾有不少人问我，为什么这么有毅力，为什么提起笔就一直没有停过？

因为努力带来的愉悦感，远远盖过了努力的辛苦。这些年，我见识了太多普通人的正能量，我想把这些能量传递出去。

我的写作生涯里，指尖敲打频率最高的两个字是努力。

人为什么要努力？因为前方有你从未体验过的事情；因为你会遇见一个优秀得出乎意料的自己；因为梦想值得。

努力了，人生就一定顺利吗?

当然不。

但努力了，你就会有更多驾驭风险的能力；在低谷的时候，你看得到爬出去的路；在高峰的时候，你还会有一颗虔诚的心。

我睡过网吧，饿过肚子，讨过钱，挨过骂，但也曾一次又一次见证峰回路转。我相信，但凡一个人尝过努力的甜头，就会想在有生之年大干一场。

37 岁那年，我出了自己的第一本书。摸到封面的那一刻，我又想起了当年被西餐厅解雇的自己。

我还记得，那天路灯昏黄，那个 19 岁的姑娘，踩着满脚血疱、抽抽搭搭地走在大街上。路边有一位穿着橘色制服的阿姨正在清扫落叶，姑娘心想：要是我也能有份养活自己的工作就好了。

那时的她，从没想过自己有一天能实现出书的梦想。

越是有野心的人，越要有耐心

有一次，我去参加一场新媒体行业的峰会。主办方请来了许多业界大咖，大部分创业者的成功都带着“速成”的标签。比如，在半年内完成了百万粉丝数量的积累，或者是三个月建立了庞大的用户矩阵，或者某一场活动就能达到多少交易额，等等。

单看介绍，每一位嘉宾都是“迅速杀出重围”的典范，但是当嘉宾们挨个分享下来，我却发现没有谁是在短期内爆发的。在半年内完成大量粉丝积累的创业者，前期花了近一年的时间试错，才找准发力的方向；几个月就搭建成众多用户矩阵的团队，在项目开始前跑了全国 30 多个城市做调研；通过活动迅速成交的项目，策划人本身在这个领域有着十多年的经验，积累了大量的资源……

每种成功背后，都隐藏着别人看不到的积累。

在外人看来，他们是神话的缔造者。许多人趋之若鹜，想学习他们的经验，包括我在内。大家都想和他们一样，能在三五个月内就做出成绩。

可是，在我们看到的这三五个月的背后，是我们看不见的三五年，甚至更久的蛰伏期。谁能熬过这个蛰伏期，谁才有爆发的资本。

成功的底层规律，永远是积累，每个行业都不例外。

新媒体的蓬勃发展给普通人带来了太多机遇，就拿写作这个行业来说，隔三岔五就有新的“黑马”杀出重围。一篇好的作品经过大批量转发后自然会引来大量的资源，约稿合作和商业合作都很正常，有时候一两个重要机遇就能让草根作者的人生轨迹发生改变。“横空出世”的故事听多了，就会给人造成一种错觉，觉得在这一行出头真是太容易了。

我也是靠写作改变了命运的人。起初外贸是我的主业，写作是我的副业，后来写作成了我的主业，写作培训成了我的副业。可能在外人看来，我也是迅速冒头的幸运儿，事实上，我花了四年时间才将写作这份副业转正，也就是说，在那四年里，我一直过着白天上班、早晚阅读写作的日子。如果没有足够的耐心，我有可能会在副业还没有起色的时候放弃写作这件事；也有可能会在时机不成熟的时候就辞掉我赖以生存的工作，这些结果都是难以想象的。

我知道这一路熬过来需要多大的耐力，所以当我成为写作培训老师后，会反复地跟学生说：写作这条路很辛苦，如果你想走得更远，就得对自己更耐心一点。

在写作班，常常会有人问我：“老师，为什么我学了半个月还没有上稿啊？”“老师，为什么别人可以上稿，我却不行？”“老师，为什么我明明很努力，却始终学得比别人慢呢？”诸如此类。

他们可能都觉得，既然都在同一个班上课，也都是同一个老师教的，大家的起点就是一样的。

其实不是的。看似相同的起跑线，其实并不相同。

我带过两个特别优秀的学生，一个叫丽丽赫本，一个叫纯香，她们都是同期学友中的佼佼者。当别人还在绞尽脑汁想着要怎么动笔的时候，她们已经开始出稿了；当别人拿着稿子四处投稿的时候，她们已经收到了编辑的定向约稿。

丽丽赫本是一个能把《红楼梦》翻上一百遍的人，平时最大的爱好就是看书。大学四年，她很少参加娱乐活动，却把学校图书馆里的书几乎翻了个遍，她的阅读量是班上其他同学都比不上的。而纯香，虽然在进班学习前没有投稿经历，但在自己的个人公众号上练笔练了三年，论信息敏感度、语言组织能力，她也能超越班上 80% 的同学。

对于当下才开始练笔、当下才开始养成阅读习惯的同学来说，她们当然可以一骑绝尘。

有时候，我们觉得自己进步得比别人慢，并不一定是因为运气不好或者努力不足，也有可能是忽略了别人的前期积累。

积累不一样，成长节奏就会不一样。阅历、认知、知识储备，方方面面的积累都会影响我们前进的速度。这些差距不是一天两天拉开的，而是几年乃至十几年的区别。

如果能意识到这一点，我们便可以对暂时的落后释然，心平气和地找到最适合自己的成长节奏。

现代社会发展迅速，人心都比较浮躁，尤其是在新兴行业，许多人非常迷恋“红利期”和“风口”。我身边就有不少年轻人，天天啥也不干，就坐着等“风”来。

不可否认，一个行业的风口是从业者最好的爆发时机，只是“风口”是随随便便就能撞上的吗？

很多人只看到了“风口”能让人少奋斗多少年，却没想过要抓住一个“风口”需要人奋斗多少年。

我认识的一个新媒体行业前辈赶上了互联网的几波红利，微博、公众号、短视频和直播的红利期一个都没错过，人称“做什么火什么”，常常有人向他请教行业的动态。

我曾在他的文章留言区看到过一则很有意思的留言。读者问：“老师，你为什么每次都能看到风口？”

他回复：“也不是每次都能看到。我第一次捕捉到风口的时候，对互联网的研究已经有 12 年了。”

高楼要一层一层地建，梯子要一节一节地爬。任何通往更高处的方式，都离不开一层又一层的积累。可以说，那些从容不迫迎来人生高光时刻的人，都是对自己极有耐心的人。

志向远大是好事，只是通往理想的道路没有一步登天。不好好做功课，不认真打基础的人，风口来了他也看不到。

大部分人的半途而废，都是源自急功近利：野心太大，耐心太少。

要知道，并不是目标太难实现才导致我们失去了耐心，而是我们失去了耐心，才让目标变得更难实现。

在成功到来之前，每个人都要经历漫长的忍耐。想要走得更远，就得花上更多的时间与精力，沉住气，慢慢来。

因此，越是有野心的人，越要对自己有点耐心。

成大事者，有三戒

《东周列国志》第二十六回里，秦穆公向蹇叔请教成事之道，蹇叔的回答里有这么一句话，“夫霸天下者有三戒：毋贪，毋忿，毋急。贪则多失，忿则多难，急则多蹶”。

其中，最后一句话的意思是贪心就会失去很多，忿怨就容易有难，急躁就会摔跟头。

大道至简，古今通用。哪怕现在来看，想要有所建树，也得戒贪、戒怒、戒躁。

01

戒贪：不懂得克制欲望，就会被欲望吞噬

目标高远的人，首先要克制自己的贪欲。

我曾在鞋类贸易行业工作十余年，见过不少因“贪”而剑走偏锋的人。

有个同行老板曾放言“要做业内品质最好的鞋子”，结果不出三年就亲手坏了自己的口碑。

他带领的团队实力很强，无论款式研发还是生产技术都是业内一

流水平。起初他的工厂只是接一些小订单，但每双鞋子做出来都精致得像艺术品，客户评价非常好。工厂因此积累了一批不错的客源，小订单也慢慢成长为大订单。

只是，盈利增长后的老板却没了当初要做到“最好”的初心，开始偷工减料。起初只是少量原材料以次充好，后来愈演愈烈，导致好几批订单交付时被查验出产品环保不合格。几家大客户索赔之后，工厂从此一蹶不振。

许多大事，都败在一个“贪”字上。欲望是人之本性，正常的欲望可以激发人的斗志，但欲望过甚就会左右人对利害的判断。太过贪婪，会让人在面对危机时不够警醒，也会让人走着走着就忘记自己当初是为了什么出发。

刚起步的时候，每个人的目标都很坚定，越往上爬诱惑越多。如果不懂得克制欲望，就会被欲望带偏，走上歪路。欲望过多而不知满足的人，永远都找不准自己的方向，左右他们的只有一颗功利心，或贪名，或图利。

我曾听一位财经作家说了这么一句话：那些冲着赚钱去的人，多半都没赚到钱，反而是那些认真做事的人，在把事情做好的时候，顺道就把钱赚了。

确实是这样，过分贪图名利的人多半会为名利所累，要么是因目标过多而分散了精力，要么是拿了太多不该得的东西而付出了代价，所以往往是想要的越多，能得到的越少。而那些无论走多远都不忘初心的人，才能真正到达自己的目的地。

小贪失信，大贪失德。只有严于律己，才能登峰造极。

02

戒怒：不懂得处理情绪，就会被情绪控制

一个人走向成熟的标志之一，就是有足够强的情绪管理能力。

我认识一个男生，他每份工作都做不长久，不是跟同事起冲突，就是跟老板起冲突，有点儿不顺心，就换工作。他曾得意扬扬地说：“没人能管得住我，哪怕是老板，让我不爽了我照样拍桌子走人。”

在他眼里，这是一种自由。但这份随意发泄的自由带给他的直接结果就是：永远只能在基层徘徊，做些最简单的工作。太过喜怒无常的人很难得到别人的信任，因为他们做事很容易被情绪所左右，或许今天心情不错，做事积极一点，明天心情差，就撂挑子了。

说实话，“没人管得住我”真不是什么值得炫耀的事。踏入了社会的成年人，是不能指望别人“管教”的，每个人都是在自我约束中前进，每个人都要对自己的行为负责。

坏脾气从何而来？无非是因为在理想与现实之间，有着自己无法逆转的落差罢了。换句话说，所有让我们不满的事情背后，都藏着一个我们力所不能及的症结。比如说，今天因为别人的不理解而动怒，明天又因为别人的不理解而动怒，到底是别人理解能力差，还是自己沟通能力差？

学会透过情绪看问题，是成长的必经之路。如果不去尝试找出情绪背后的症结，那么以后碰到同样的问题依然会束手无策。

人在愤怒的时候很难保持理智，往往会为了“出一口恶气”而被情绪牵着鼻子走。稍微留意就可以发现，我们生活中因冲动而做出错误决定的案例比比皆是。

愤怒同时也是一种极大的情绪内耗，它本身就带着事与愿违的强

大挫败感。

所以，志向越是远大，越是要修得一颗平常心。学会和自己的情绪和平相处，才能借助情绪扫清成长路上的障碍。

03

戒躁：不懂得为成功忍耐，就要忍耐失败

我曾听一个电视台的朋友讲他们单位实习生的故事。

那位实习生被分配到台里的新媒体部，负责公众号的日常排版和推送。来公司不到两个月，实习生就跟领导提了五次建议，从内容策划到宣传运营，建议大多事关电视台发展的大方向，颇有些“挥斥方遒、指点江山”的味道。领导不堪其扰，实习结束就驳回了他正式上岗的请求。

我本来还有点疑惑，新媒体部门的工作不正是需要有想法的人吗？为什么这么积极的人会不受待见呢？朋友一解释，我便明白了。

原来，实习生提出的建议大多是天马行空的无稽之谈，别说是对整个行业的了解了，就连自己本职岗位上的基本流程他都还没掌握，这样提出来的建议自然会成为别人眼里的笑谈。

这位实习生并不是真的积极，他只是急于表现自己。

生活中像他这样的人还挺多的。不少人都认为自己身怀绝技，觉得自己有朝一日会一鸣惊人，却总是找不到合适的地方施展拳脚。其实他们的怀才不遇，都不过是眼高手低。

急躁，是成长路上的大忌。整天想着做大事，看不上身边的小事，最后的结果只能是什么事情都做不成。

每一件大事都是由无数小事铺垫而成。能把小事情做到极致的人，

才有可能把大事办得完美。况且，想要在一个领域里做出成绩不是一朝一夕的事情，越是要走得远、爬得高，越是要把脚下的每一步都踩稳。

大多数人都是败于实力不足，却求胜心切。心急就容易付出惨痛的代价，熬不到翅膀硬的那一刻就起飞，注定是要摔跤的。

当我们的能力与野心不匹配时，唯一能做的就是默默积累，耐心等待。

任何成功都来之不易，越是光明的前景，越是要经历坎坷，如果不懂得忍耐成长的低谷，就要忍耐生活的困境。

成大事者，必深谋远虑，必百炼成钢。

让过去过去，未来才能到来

你有没有过“悔不当初”的时刻？

踏入社会不好找工作，后悔当初专业选择错了；跟爱人吵架，后悔自己婚前没擦亮眼睛；感情消失了，后悔当初没好好珍惜；生病了，后悔自己没照顾好身体……

每个人或多或少都会有这样一些“反省”的时刻吧。心理学家把这种现象背后的心理原理叫“归因”，它有一定的积极意义，如果我们从过去的生活里获得处理问题的经验，会让我们对未来更有掌握感。但如果一味地沉溺其中，却不一定是好事。

讲一个老同事的故事。他是我十几年前在鞋厂结识的，常跟人念叨自己的大学经历，这些经历让我们这些没受过高等教育的小姑娘特别羡慕。越听，也越发知道他是不甘心在工厂打工的。原来，大三那年他随几个同学参与斗殴，被学校劝退后就失去了拿毕业证的机会。踏入社会以后，他一直以大专学历自居，只是每次找工作的时候，一遇到用人单位查验毕业证，他就要绕道，只能选择学历要求不那么严格的岗位，这样才进了工业区，每天围着流水线打转。

我刚进工厂那会儿，跟厂里的几个文员约好一起报自考，也叫上了他，不过他并不愿意加入我们的队伍。他说，他跟我们不一样，不需要重复一次大专课程的学习经历。在他心里，他就是一名大学生。毕竟他正儿八经地读过三年大学，只是没拿到毕业证而已。

在熟悉的人面前，他也是有光环的。三年的知识储备，让他看起来比我们这些没上过大学的人要博学多了。只是，这点博学并没有给他的成长带来多少帮助。他找工作的时候，依然只能找那些没有学历门槛的工作。

当年我们参加自考的那一批人如今早已拿到了学历学位证，而这位老同事 20 岁留下的短板到了 35 岁也还没补起来。他并不是一个心高气傲的人，只是一直沉浸在过去的日子里走不出来。

他不止一次地向我们提起，如果当初不那么意气用事，不去跟人打架，人生肯定不一样。

这话没错。有时我们一步踏错，就会改变人生的走向。可即使错误犯下了又如何？我们就不能继续往前走了吗？

无论过去的牌多好或多坏，那都是过去的事情；眼下握着什么牌，我们尽力打好它便是。如果一直停留在一个坎儿上过不去，那么生活只会永远重复这一页。你不让过去过去，未来又怎么会到来呢？

我很欣赏我们读者群里的一位“小王姑娘”。小王姑娘在基层一个不起眼儿的岗位上工作，大部分时间都泡在乡村的工地上，但她把自己的业余时间排得很满，读书、学习、考证，小日子过得热气腾腾。

有一次我们在群里聊起各自生活的艰辛，才知道，原来她曾经因家庭贫困而辍学。我们讲到自己的过去，总会感叹一番走过来的路有多不容易，小王姑娘却不一样。她轻描淡写地提了一下自己的经历，然后就开始跟我们讲她未来的规划：接下来要参加什么考试，拿到证以后想考什么岗位。她最喜欢的一句话是：每一种困局来临，都是逼你做出改变的时候。

我非常喜欢她这种豁达的态度。过去不能改变，但解决困局的办法永远是自己能掌控的事情。学历不高又如何？工作不好又如何？

如果一个人懂得往前看，就没有哪一种困局能把他打趴下。

我在鞋类贸易行业还认识一位前辈陈叔，他前后历经了七次创业。因经营不善失败过，被合伙人坑过，被同行公司连累过，在商海浮沉几十年，第七次创业的时候他已经60多岁了。许多人都劝他，到了含饴弄孙的年纪，就该好好休息。

陈叔说："余生哪怕只有十年，我也还想折腾出点成绩来。"

这样的人，旁人看来或许有几分傻气，可他们偏偏是最懂得如何与生活和平相处的人。因为懂得向前看，再多的磨难都打不倒他们。他们永远心存希望，即使眼下失去一切，他们依然对未来无比笃定。

人生在世，遇到点磕磕绊绊再正常不过了。有的人跌倒了，爬起来继续往前走；有的人跌倒了，就在那里趴着不动。

那些把自己搞得惨兮兮的人，多半是不太愿意往前走的人。有些人刚过30岁，就觉得人生已成定数；有些人经历了失恋、失业，就觉得人生遭遇了大劫，从此生活无望。不愿意往前走的人，都喜欢对着过去哀叹抱怨，他们可能不会想到，这种思维把未来几十年可以改变的机会都放弃了。

人生踩偏几步固然有遗憾，但那只是一时的遗憾。如果因此错过重新出发的机会，才是一生的损失。那些"如果当初怎么样就好了"

的说辞，并不会将眼下不如意的状态改善半分。

聪明人，都懂得向前看。无论过去的经历是好是坏，他们都会带上所得继续上路。

如果生活欺骗了你，你有没有信心用余生来扳回一局？

哪怕你现在 40 岁，人生也才半程而已，如果盯着过去的 40 年看，过去的时间的确回不来。但如果盯着未来看呢？还有大几十年可以改变自己的命运。只有把眼下当成未来生活的起点，你才能真正开启另一段生活。

以前怎么过的，都过去了；以后怎么过，由你现在决定。你可以把过去当成阻挡未来的绊脚石，也可以把过去当成通往未来的垫脚石。

今天，是你余生中的第一天。你未来的生活，也可以从此刻发生转折。

没跌倒过的人，学不会奔跑

刚入新媒体行业的时候，我写过几篇爆文——那种刷屏级的爆，文章发出去，圈内有影响力的公众号都在转载，高峰期的时候，每天都有亲戚朋友截屏他们的朋友圈给我看：又看到别人转发你的文章了。

与此同时，各类约稿信息纷至沓来，还有许多文字爱好者通过公众号找到我的微信，加好友来“请教”写作方法。入行几个月就成了别人眼中的“黑马”，这让我有了些许膨胀。几篇爆文写作思路分析下来，我便隐约觉得自己已经掌握了流量密码。

当时我在写作圈有个好朋友叫若蝶，她身体不好，一直靠写稿赚治疗费，特别需要约稿资源。于是我意气风发地制订了一个援助计划：写一篇爆文，把若蝶的故事作为素材植入进去，并在文章里附上她的作品链接，这样每一个看到这篇文章的人都能认识若蝶，感兴趣的还能点开链接看到她的作品。我觉得这个计划万无一失，还信誓旦旦地跟若蝶说：“放心，我这篇文章一发出去，你的文章也会跟着爆的。”

我照着之前总结的方法论认真地“生产”爆文，社会热点、读者痛点、文字情绪、遣词造句……那些我自认为颇有心得的“经验”全部在这篇文章里如法炮制。

结果这篇稿件没翻起任何水花。我这才发现，仅仅是从几篇爆文里提取创作经验，或许是不够的。

后来我在一个创业者那里听到了一个类似的故事。这位创业者所带领的新媒体运营团队有业内公认的顶尖水平。

创业初期，他的团队成员干劲十足，很快就做出了成绩。与此同时，他们根据自己摸索的经验，总结出了一套方法论，并以课程的形式分享出来，帮助同行进步。奇怪的是，没有哪一个同行能复制他们的成长轨迹。

涉足新兴领域，起步时没有任何理论指导，这种从 0 到 1 的特殊经历让团队的每个人都对自己的经验深信不疑，所以他们把问题归结为学员的特殊性。

直到团队成员用同样的方法创办第二家公司的时候才发现，原先总结出来的成功方法论并不那么顶用，他们碰到了许多过去没有遇到过的问题。这些问题，直接导致了团队第二次创业的失败。

意外的失败让团队警醒，他们立即全盘审视公司的战略细节，尽可能查找出更多的漏洞。如今，他们在每个季度的复盘会议中增加了一项内容：如果公司面临倒闭，可能是哪些原因引起的？

我们总是太迷信成功，但过于快速的成功往往是值得警惕的。因为任何偶然的成功都排除不了“机遇”这个重要因素，而这个因素又恰恰是无法复制的。

如果把一次成功的经验视为成长规律，很有可能会高估自己的本领，给未来埋下隐患。相反，偶尔的失败却让人更有危机意识，更懂得调整前行的方向。

在写作班带学员，我对“失败是成功之母”这句话特别感慨。我们大部分学员都要经过三五个月的练笔才能实现上稿，但也不乏有些同学第一次投稿就被录用。

而这些跑在前面的人，却不一定能跑到最后。一出发就有收获的惊喜，会让人对自己产生过高的预期，一旦后面写出来的稿件被退稿，他们就很难接受这种心理落差，这样的打击多了，就很容易放弃。

胜利来得太过容易，会让人误把运气当成实力。而那些在前行的过程中摔过跤、踩过坑的人，反而会走得更扎实。

我的学员白月，是真正从失败中站起来的典范。

白月初期投稿的时候曾被拒稿 30 多次，但她的心态很好，每次都问编辑自己的稿件有哪些不足的地方，问清楚原因后再自己慢慢下功夫克服。踏踏实实练了半年，她的写作水平就相当稳定了，出文的速度很快，基本上没有废稿。高质高产的她一度被师弟师妹们视为偶像，大家一听说她的故事就觉得未来可期。

在失败上积累起来的成功往往有着坚实的基础。从这层意义上来讲，“失败是成功之母”并不是一句口号，它是实实在在的方法论。那些从失败里站起来的人，是真正要靠实力打硬仗的人。

失败是所好学校。

统计学上有一个概念叫幸存者偏差：当我们的资讯源于“幸存者”时，我们获取的信息是不完整的。那些“失败者”阵亡的地方，才是真正危险的地方，也是我们最需要夯实的地方。

只向成功学习，无异于向“幸存者”获取信息。

成长，是不断发现问题、解决问题的过程。当我们发现不了自身

问题的时候，我们的成功可能只是运气带来的。而失败，恰恰是让问题浮出水面的好机会。

我之前在鞋业贸易行业里的成长算是特别慢的，最初入行的时候还捅过不少篓子。有时候是因为英文不好，翻译错了细节，导致产品做出来是错的；有时候是因为常识不足，估错了货期，造成客人投诉。但正因为这些经历的叠加，迫使我不断充电，才学会了规避风险和应对危机。

那些从失败里总结出来的教训，并不逊色于在成功者那里学得的经验。不断地在错误中进行反省和总结，确实是很好的成长方式。不信你可以看看，那些大大小小的坑都踩过一遍的人只是起步慢一些而已，但他的基础却是最扎实的，在前行的路上也更加谨慎，所以他们一旦成长起来，就很难再跌落。

因此，如果你的成功来得太快，请记得不要在这个成绩上沾沾自喜，要对未知的风险心存敬畏；如果你的成功来得太慢，就把每一次打击当成新的开始，让失败成为你向上攀爬的阶梯。

失败，是离成功最近的地方；你摔过跤的地方，也可以是你奔跑的起点。

通往成功的道路很多，最稳妥的那一条叫千锤百炼。

千万不要小看那些不起眼儿的挑战

在舒适区犯错是一种什么样的体验？

我经历过。

之前在外贸公司工作的时候，我负责对接公司人称“最难搞”的客户。这个客户的设计师总有一些天马行空的想法，原材料、颜色、线条……设计的图样无一不是来回改，制作出来的样品鞋能一路改到投入量产的前一天。他们对品质的要求也十分严格，成品验货的时候，只要鞋子的尺寸与标准的误差超过两毫米，就会被视为不合格产品。

知道这个品牌的客人很难伺候，我在配合的时候就格外谨慎，每一个流程都会反复核对，力求不出纰漏。前两个季度，我觉得挑战特别大，但到第三个季度的时候，我的工作开始轻车熟路。有了几个季度的完美配合，客人对我们的信任度大大增加，慢慢地把主力订单转移到我们公司。

拿下最难啃的硬骨头，让我颇有成就感。

没想到，第六年的时候，我在配合上连续出现了几个失误。

配合六年，公司上下没有人比我更熟悉这个客户的流程和需求，我和他们的默契程度连老板都赞誉有加，说我们到了“闭着眼睛都能完美配合”的程度。尽管有这样充足的经验加持，我依然没把事情办好。时间、人工和材料的损耗，都难以弥补。

复盘工作的时候，我自己都觉得汗颜。并不复杂的设计，由于我信息传达不到位，工厂在操作的时候产生了误解，导致产品开发出来不是客户想要的样子。这次的错误甚至在我刚入行的学习期间都没有犯过。

其实我有无数个机会避免问题的发生。原本客户的开发流程很严谨，每一步都需要与品牌负责人反复核对，以避免误解。然而，客户出于对我的信赖，没有特别监督落实，而我基于对过往成绩的自信，不重视核查过程，最终把这个能规避失误的环节给跳了过去。

说到底，还是自己太飘了。我对自己的能力是笃信的，过去的几年都是这样做的，从来没出现过问题。然而，问题就在我最得意的时候出现了，只要我稍微谨慎一点点，自己多检测几次，也不至于出现这种情况。

经验有时会麻痹人的判断，让我们小看事情的难度。而当我们盲目自信的时候，往往也是最容易出现状况的时候。

我有一个高中同学，他在长江里游玩的时候不幸溺水了。

知道这个消息的时候，老同学们都很难接受：我们在长江边长大，几乎所有的男孩子都是熟悉水性的，为什么还会发生这样的惨剧？

有位学长说：“你们以为学会游泳就不会出事，那就大错特错了。因为不会游泳的人，根本不敢下水；即使是刚学游泳的新手，也不敢轻易往深水区试探。会游泳的人胆大，不怕水，才最容易出事啊！”

那些有游泳技巧的人，居然是离危险最近的人。以为会游泳就不会出事，正是出事的根源。

人总是对自己能力范围以外的事情心存敬畏，对自己能力范围内的事情掉以轻心。

我曾听一位老板说，一个公司里的大错误往往是中高层干部或者资深员工犯下的。因为他们在自己的领域已获得了相当丰厚的经验，容易盲目自信，又掌握着一定的权限，所以一旦出错，基本上都是大错。

相对来说，刚入职的员工一般比较谨慎，在不确定的地方会反复核实，或向前辈询问，这种态度，在老员工身上几乎看不到。

人生路上的陷阱，往往都是那些我们最熟悉的事情；最容易摔跤的地方，或许正是我们眼里的平坦大道。

我曾接触过一个权威机构的验货员，他的工作流程令我叹为观止。

在流水线验鞋子的时候，他随身携带了一张表格。表格上有五十多栏空白，都是查验条目，哪怕是小到鞋子上的车线针距，他都会用尺子量了填上去。

这对于一般的资深验货员来说，是不可思议的。因为大家对自己能掌握的东西过于熟悉，这些细小的部分根本不会在意。

然而，拉开差距的正是这些细节。这位验货员并没有什么过人的技术，却创下了十年零失误的纪录，令同行望尘莫及。

一丝不苟的态度，才是最可怕的实力。

真正的挑战，往往就是这些不起眼儿的小细节——太熟练，熟练到让人不屑一顾，熟练到让人没有任何危机感。当变化一旦来临，就让人无从招架。

所以，千万别小看人生中那些不起眼儿的挑战。面对未知的挑战，心存敬畏才能抵御风险，正如老话所说：小心驶得万年船。

即使我们用经验迎来了9次成功，也绝不意味着第10次挑战就能不费吹灰之力地获得成功。就像游泳一样，即使是同样的体能、同样的技巧，在不同的水域，也有不同的危险。学习和工作也如此，当环境和细节稍加改变，经验就会成为靠不住的东西。

会游泳，不要忘记危险；有经验，也要警惕盲区；哪怕知道了很多，也要明白我们未知的更多。

若想不负青云志，常怀一颗敬畏心。无论走多远，站多高，都要谨慎前行，就像我们刚出发时那样。

接纳负能量，是最好的正能量

我的第一本书面市的时候，正是我最忙碌的时候。

那时我还在外贸公司全职工作，每天固定 8 小时的出勤雷打不动。彼时我的副业也开始发展壮大，8 小时外的工作排得满满当当。为了主业、副业互不影响，我在正常上班期间总是一刻也不敢停，力求在工作时间内尽可能多地完成待办事项，这样才能准时下班。

我的副业除了写稿，还有辅导学员。我在线上开了一个写作培训班，业内口碑还不错，学员们对我很信任，经常找我看稿件、梳理创作过程中的卡点。

新书出来的时候，出版社市场部的负责人问我是否要去广州举办签售会，他们能安排的离我最近的场地就只有广州。我考虑再三放弃了。虽然我的居住地东莞就在邻市，但我对广州毕竟不熟悉，我不确定广州有多少我的读者，又有多少读者愿意去现场支持我。作为一个初出茅庐的小作者，我对“冷场”这件事多少有些恐惧。最终，我决定在东莞办新书签售会，方便熟悉的朋友过来捧场，也方便我们本地的电视台跟拍宣传。这个决定意味着这场签售会将无法得到出版社的任何协助，场地和流程全靠我自己接洽。

各式各样的压力扑面而来，我明显感觉到自己的状态越来越差。

早上一睁眼，我就对着堆积如山的文稿和课件发愁，不知道什么时候才能把事情做完；眼看着签售会的时间越来越近，我的心也越来越慌：发言稿够完善吗？要是忘词了怎么办？焦虑与忙碌如影随形，每天都担心时间不够用，每天都觉得孩子难缠，每天都想把正在出差的老公拖回来揍一顿。

有一天晚上，我正在改稿，孩子爬上我的腿对着电脑一通乱敲。我怒不可遏地朝他发了一通脾气，事后又内疚不已。毕竟孩子没犯什么大错，文档也不是找不回来，只是我的情绪到了接近崩溃的边缘，任何一点风吹草动都有可能成为压倒骆驼的最后一根稻草。

我想打个电话跟我老公倾诉一下，但一想到这个电话即将耗费我多长时间，便断了这个念想。

我一直扛、一直扛，终于在签售会前一周病倒了。感冒引发急性咽喉炎，我的声音哑到接近失声的地步，与人交流的时候，坐在对面的人完全听不清我在说什么。

我很担心准备了这么久的签售会就此泡汤，于是我向自己认识的所有医生朋友求助，打听什么样的方法能让我在三天内开口说话。

吃药、雾化，还有各种小偏方，我都一一尝试，虽然没有立竿见影的效果，但嗓音也在一天天地好转。

我的心态也慢慢发生了变化。此前我总担心自己在签售会上的表现不够完美，这时我却只祈祷自己能如期出席。人有时候就是这么奇怪，当目标是100分的时候，得到80分总会觉得遗憾；但在0分的恐惧下，能得到70分，就已经很知足了。

我就是最终拿到了 70 分的那个人。扯着沙哑的嗓子参加完活动，我忐忑的心终于落了地：再不济，也比缺席强。

签售会的采访环节，我遇到了这样一个问题："你为什么能持续输出正能量？你就没有被负面情绪干扰的时候吗？"

这个问题问得太好了，记者可能不知道它与我当下的状态有多契合——我刚跟负面情绪交手完毕，确实颇有一番感叹。

人是不可能没有负面情绪的，恐怕没有谁能保持 24 小时不打烊的正能量。我确实是一个阳光乐观的人，但也会有情绪崩溃的时候。失败的时候、无助的时候、目标无法如期完成的时候，我都会陷入内耗。有时候，我甚至觉得羞耻：这么庸俗且糟糕的我，何德何能被那么多人视为"发光体"？

内耗的本质，其实是在跟自己对抗。人不愿意接纳自己的无能为力，不愿意接纳事实与理想的相悖，负能量才因此而来。

放下对抗，是解决问题的唯一办法。

在我治疗咽喉炎期间，医生建议我尽量保证休息，这样才能好得快。为了保护嗓子，我不得不停下手头的工作，任它们越堆越高。

我以为休息几天我的世界就会乱套，其实不然。一切都在有秩序地运转着，有些事情虽然暂时停下，但是后果也并未像我想象的那么严重。我这才明白理想中的一丝不苟是我强加给自己的期许。外界环境并没有要求我成为一个无所不能的超人，是我被自己过盛的欲望裹挟着前进，同时又不愿意正视自己能力有限这个事实。

这份觉察于我而言意义重大。

能感受到负面情绪带来的能量消耗，并不一定是一件坏事。这至少证明，我们发现了自己生活中的某些问题，这些问题是需要修复的。同时也证明，我们对生活有着更好的诉求，我们渴望有更好的方向。

就拿我在签售会前期的状态来说，负面情绪之所以出现是因为现实与目标出现了落差。任务多，时间和精力却跟不上，导致我的工作和生活都变得一团糟，这恰恰证明我在任务规划上是需要改进的。

如果某种意外让我们的注意力从“不能得到有什么”转移到“可以改善什么”上面来，哪怕它看上去是负面的，也不算是绝对的“坏”。

我想，这应该是负面情绪之于我们最重要的意义。它让我们发现生活里的问题，并朝着更好的方向前进。从这个层面来讲，接纳现实与自我的落差就已是成长。

人非圣贤，不可能时刻都保持尽善尽美。一件事情做不好，或者某一个阶段不太如意，再正常不过。如果我们能坦然接纳这些被我们视为“负面”的东西，就不会被它们困住。

这些负面的东西并不是从天而降的，它们之所以出现，是因为我们与外界的相处方式出现了问题。如果对自己保持一份觉察，便不难发现：每一次愤怒背后，都有一个未被满足的需求；每一次失望背后，都有一个不切实际的期待。这就是真正的你。一心想让生活变好，只是略有点操之过急。这样的你，多好。

人生总有不足，知不足，才更懂知足。正视自己生命里的那些缺陷，它们都是真实存在的。也正因它们，我们才更加珍惜和向往美好。

正能量是什么？是当你觉得自己不完美的时候，知道自己正走在更完美的路上；是接纳那些阴影，然后找到自己的光。

不与自己对抗，就是一种正能量。

那些说“选择大于努力”的人，究竟是靠什么选择的?

我曾带领我们写作班的同学讨论过“选择与努力哪个更重要”的话题，不少同学都认为，选择比努力重要，一个好的选择，能让人省掉好多努力。

我也常听到“选择大于努力”“选择对了，可以少奋斗多少年”这样的说法。起初听到这些言论的时候，我会不由自主地设想，要是当年哪一步做了另外的选择，如今是不是会过得很不一样。我设想过无数种可能，最终还是觉得，如果人生重来一遍，我并不会走上另外一条路。

天知道我走过多少弯路！学生时代我不知道要好好学习，导致高中毕业就踏入社会，吃尽了苦头；我不知道自己能做什么，撞进哪个行业就只好在哪个行业里落地生根，一路到了 35 岁才重新规划人生方向。甚至婚姻情感也是如此，我没有按部就班，而是任由生活推着走。感觉我的人生就像抽盲盒一样，抽到哪张牌就只好拿着哪张牌继续往下打。

我时常纳闷，那些“一个选择就能少努力多少年”的人，他们究竟是靠什么选择的？为什么轮到我自己的时候都是身不由己？

后来我从两个朋友的经历里得到了启发。

第一个朋友叫小邱，是我的鞋业同行。他应该是我见过跳槽最频繁的人，两年内换了 5 家公司，没有哪份工作超过半年。据小邱说，他碰到的这些公司都有问题，要么客户难伺候，要么就是下属工厂不好配合，再不然就是公司内斗厉害，似乎每一家公司都无法安放他的才华和野心。于是，他得出一个结论：入错行了。

小邱认为，选择错了，所以一切努力都是白费。

只是，他跳槽那么多次，始终也没有绕出他讨厌的这个行业，因为做鞋了是他唯一擅长的事情。

另一个朋友叫阿九，是我的同乡。有一次我帮人发了一条外贸业务职位的招聘广告，阿九跃跃欲试。她先是发信息问我这个职位能开多少钱，然后又问食宿、考勤、年终奖之类的待遇。

阿九在家乡从事服务行业，我知道她没有任何外贸或业务方面的经验，便委婉地提醒她：这种工作与她目前从事的行业不一样，可能不太合适。

阿九理直气壮地告诉我，正是听人说外贸行业很吃香，所以才想要转行，她说："只要工资开得起，我什么苦都能吃。"

最终我还是没有帮她递简历。职位与能力的匹配度并不是靠"吃苦"二字就能克服的。就拿外贸业务这个职业来说，产品知识和外语技能就是硬性要求，掺不得半点水分。不然，海外客人来咨询产品的时候要如何应对呢？

站在用人单位的立场，他们找的是能出效率、能创造价值的人。如果求职的人不在此列，再能吃苦也无济于事。

就像小邱和阿九一样，很多时候，我们“想做什么”和我们“能做什么”并不一致。

我曾经羡慕那些从事新兴产业的同学，他们以高我数倍的速度发展，但是真当有人拉我一起转行创业的时候我却退缩了，因为我对即将进入的行业一窍不通。

记得我刚从事外贸行业不久，同行阿媛就已开始独立接单，并且做得很不错。可当我学着她的样子自主创业的时候，却一张单都接不到。我本以为是运气使然，直到多年后我才明白，阿媛的行业积累是我远远比不上的。她大学四年一直在研究国际贸易，而这些知识，我在重返岗位后摸索了数年才渐渐掌握。

我们常常在羡慕别人做了一个正确的选择，并没有想过自己是否有做这种选择的资本。这也是为什么许多跟风跳槽或跟风创业的人最后成了“炮灰”。

选择，本身就是一种能力。正确的选择至少包含了以下两个方面的条件。

第一，这个人在做选择的时候，对自己未来的走向有一定的认知。

也就是说，他的视野与现有的信息量足以判断这个选择是否适合自己的长远发展。这种前瞻性的认知能力，没有深入学习和大量的观察积累，是无法自动获得的。

第二，这个人对自己的实力与选择的匹配度有着准确的评估。

这意味着，他的积累以及成长速度撑得起自己的野心，并且有着承受风险的能力。而这种评估的唯一基础，就是他的阅历和经验。

如果离开了这两条，就不叫选择，叫赌博。

通过这两个条件我们可以发现，努力根本就不是选择的对比项，它是选择的基本条件。

从校园踏入社会的时候，那些零起点的工作就是一个人必然的选择；只有一种技能赖以生存的时候，与这种技能相关的工作又会成为选择；一个人的认知和技能越来越充足，可供他选择的机会就越来越多。

所以，那些选择看上去是人们主动而为，实际上都是量体裁衣。一个最优选择，必然要靠足够的眼界与实力才能实现。不努力，又能拿什么去选择？

人在能力不足的时候，不能太过于迷信选择的力量，因为没有什么选择能替代人本身的努力。

我出第一本书的时候，有人感叹说："要是你把当初在工厂拼命的劲儿用在写作上，说不准早成大作家了！"换种选择能成什么样，我自己是最清楚的。毕业以后我就尝试过以投稿为生，但失败了。我重拾写作的时候是 35 岁，看起来很晚，却是刚刚好的时机。在工厂的丰富经历让我积累了不少的创作素材，这些年在工作和学习中积累起来的思维模式也帮我更快地敲开了写作的大门。

以我个人经历而言，并不是找准了方向才有必要努力，而是先努力，而后才会有方向。

许多选择确实能改变人生的走向，但这些转机大部分来源于过往的积累，是我们自己创造出来的，并不是普通的遇见。

想要的太多，能驾驭的太少，这是许多人的通病。容易被人看见的，是一个正确的选择就能让人少奋斗多少年；不容易被人看见的，是这个选择背后究竟有多少奋斗在做铺垫。

在没有多少选择的时候，我们唯一能做的，就是踏踏实实地做好眼下的事，多学习，多观察，多思考。只有在努力中不断进步，视野才会逐渐扩大，目标也会越来越精准。

所有未来的选择，都是眼下努力所赢得的回赠。当你迎来了选择的机会，就会知道，曾经付出的汗水没有哪一滴是白费的。

到那时，你也会明白：选择不是一千种从天而降的机遇，而是你自己创造的一千种实现梦想的办法。

成长路上，无须完美

在一个写作训练营当老师的时候，我发现了一个很奇怪的现象。

训练营以一个月为周期，每两天提交一次作业。作业可以是根据相关主题创作的稿件，也可以是有关日常生活的小练笔。作业交上来由老师进行点评。

每次开营的第一周，我总是无比忙碌，到第二周，作业就会少一些，第三周递减，到第四周的时候就收不到几份作业了。我发现，许多同学在前期都是兴致勃勃地跟着队伍走，但只要有一次没赶上交作业的时间，后半个月就全部放弃了。

晓靖就是其中一个。她连续交了六次作业，我本以为她会坚持到最后一周，结果第七次因为家里有事耽误了，后面就再也没有交过作业。

我找她私聊，问她为什么不继续练习，她告诉我说，原本定了全勤的目标，没想到自己会半途而废，所以就干脆放弃了。

写作训练营布置作业的初衷是为了让大家在训练中把课程技巧更好地消化吸收，并没有全勤的要求。也就是说，写作业的最终目的是提高技能，并不是圆满完成打卡。

而晓靖的想法是，既然不能按计划100%完成目标，那么无论完成90%，还是完成60%，都跟不完成没有区别。

这样的“完美情结”我再熟悉不过，因为我参加自考的时候也因此吃了不少亏。

考前两个月，我会列一份详细的复习计划，把教材、参考书、真题试卷等任务拆解，精确到每一天看多少章节，做几道题。

起初，我每天都能坚持完成学习任务，甚至还能超额完成第二天的任务。但这种情况持续不了多久就会被某种意外事件打断，如加班、出差，或者是跟朋友聚会之类的。

计划被打断后，我会非常焦虑，一直想着要把漏掉的东西补起来。如果意外情况持续好几天，我就直接崩溃了，觉得落下的学习任务根本就赶不上来，索性就不想继续学了，哪怕此时离考试还有一个多月。

这样的心态，导致我连续几年都在不停地挂科或弃考。

与我同时参加自考的还有我的高中同学竞之，在我跟自己的“完美情结”作战的时候，她已经不知不觉地完成了所有科目的考试，拿到了毕业证。

竞之备考没有我这么严谨，她的理念是“看一点算一点”。有空就复习，万一进度落下了也不着急，云淡风轻地慢慢赶。一般坚持到最后一天，所有的知识点也摸透了；即使偶有挂科她也从不灰心，因为隔半年还能参加补考。

不得不承认，竞之的心态要远胜于我。我总是用力过猛，达不到对自己的要求就想全盘放弃。而她则不疾不徐，走得很稳，也更能坚持。

完美主义可以算得上是“坚持”这条路上很大的敌人之一了。

我们开启某个学习计划的时候，一定是冲着收获去的，而不是为了完成某种仪式。然而，我们常常走着走着就忘记了初心。晓靖参加写作训练营，中途容不得半点瑕疵，似乎来此一趟就是为了全勤；我参加自考，中途容不得有计划打乱，似乎备考的目的仅仅是完美备考。我们都在刻意追求过程的完美中忽略了目标本身。

追求圆满本没有错，但如果最终因此而放弃了前行的方向，就本末倒置了。

美国作家乔恩·阿卡夫写过一本书叫《要搞定，不要完美》，里面有这么一句话：“很多人宁愿得到0，也不愿得到50，因为他们坚信，完美是唯一的标准。如果他们不能达到完美，他们甚至不会迈出第一步。”

这本书让我对“半途而废”有了更深刻的理解：如果我们定了为期30天的奋斗目标，执行到第五天被意外耽搁了。如果你选择第六天继续前行，那么这个月只有这一天是荒废的，剩下的29天都可以完成计划，从结果上来说，能完成97%的目标，这不叫半途而废，甚至能说是接近完美；如果从第六天开始觉得坚持很困难，从而放弃了剩下的25天，那么最终完成的结果就是17%，这才叫半途而废。

打败我们的，并不是任务未完成的那一天，而是那一天带给我们的沮丧情绪。完美计划被破坏的挫败感让我们失去了继续坚持的信心。

曾有个喜欢阅读的朋友跟我抱怨说自己买了一本不太好的书，前前后后看了一个月还没看完。我问她为什么不好的书也能坚持看下去，她解释说，自己的阅读习惯一向是把一本书看完再买下一本，所以只好硬着头皮看下去。

这就是典型的强迫症，非完美不可，甚至愿意为了追求完美放弃新的开始。

可是，阅读的目的是什么呢？我们从书本获得知识是为了成长，而不是为了在垃圾文字上耗费时光。

全力以赴，是为了奔向目标，而不是为了证明我们奔跑的过程有多完美。我们执着的应该是结果，而不是过程，因为无论什么样的过程都是为结果准备的。

所以，实在不必因为某种形式上的不完美而放弃自己的全盘计划。

即使过程不完美，也可以有好的结果。学习进度落下了又如何？哪怕离考试只剩下一天，我们也可以复习很多知识点。某一次考试失败又如何？哪怕这一次考试挂科，也不影响我们在下一次考试的时候重新发起挑战。一本书没看完又如何？通往知识的路径有很多，我们拐个弯就能继续前行。

放下内心的“完美情结”吧！允许自己不完美，才是完美的开始。即使同样是不及格，50 分的人也永远比 0 分的人离成功更近。

我们所有的习惯，都是为了指引我们走向更好的方向，如果方向是对的，过程不完美又如何？

就像买书有可能会碰到低质量出版物一样，我们在做任何一件事的时候都有可能会碰到小插曲，或许是碰到意外，或许是犯下错误。但是，即使一棵苹果树上出现一两个烂苹果，它们也不能影响整棵树的丰收。

允许这些不完美的存在，并不是要放松对自己的要求，而是要坚持自己的初心。

最完美的状态，不是从不失误，而是你从没放弃成长。

没有人会瞧不起你

26 岁那年，我遇到了一个出差机会，客户帮我订了机票。那是我人生中第一次坐飞机，途中闹了不少笑话。

我在机场摸索着办好登机牌，忐忑地随着人群登机，很怕别人看出来我没坐过飞机。可刚上飞机我就遇上了难题：安全带死死地扣在座位上，我根本解不开。邻座的男生看我摸索了半天，大概猜出了我遇到的难题，就热心地给我示范了一遍，我羞愧得恨不得钻到座位底下去。

飞机升空后，浩瀚的云朵映入眼帘，仿佛一下子进入了仙境。我雀跃不已，想拍照，却犹豫着不敢把手机拿出来，生怕别人一看就知道我没见过这种场面。

空姐推着车子，挨个问“要果汁还是要牛奶”。我猜想飞机上的饮料应该很贵，一边纠结要不要喝，一边用余光扫着周围的人。我的邻座点的是白开水，我也学着他的样子点了白开水，我想，即使收费，白开水也肯定是最便宜的那一种。

餐车过来的时候，我内心又开始了一场拉扯：这饭贵吗？有多贵？可以不吃吗？最终也是看着大家人手一盒，我才硬着头皮接下一份鸡肉饭。

直到下飞机，我悬在半空的心才落了下来：原来，飞机上的食物和饮料不要钱啊！

这段经历让我印象深刻，也羞于跟人分享。一个没见过世面的乡巴佬学着职场精英的样子坐飞机出差，听起来就很滑稽。即使后来坐飞机出差成了一件寻常事，想起第一次的经历，我心里还是有种挥之不去的尴尬。

成立了自己的写作训练营之后，我和很多平台都有了合作关系，这些合作伙伴分散在全国各地。有一年，北京的一个合作伙伴邀请我们团队去参加培训，当时我手边正在忙另外一个项目，只能委托助理雪莲帮忙出这趟差。

雪莲跟 26 岁那年的我一样，一直生活在工业区，除了工厂和家，没有去过其他地方。她也是第一次搭飞机，而且是第一次住酒店。

想起自己第一次出门的窘迫，我便赶在她出发前特地为她准备了一张小纸条，上面写着怎么办登机牌，怎么找登机口，飞机上的厕所在哪儿，到了目的地怎么办入住，等等。我还跟她特别交代：飞机上的食物不要钱，天空很美，云朵很白，觉得好看就拍照。

我害怕雪莲会和当年的我一样拘谨，但这份担心是多余的。

雪莲出差回来，兴高采烈地跟我提起路上的经历。

她说，飞机上的小包湿纸巾她没舍得用，看到上面有航空公司的标志，就带回家做纪念了。她还说，酒店里的一次性拖鞋有两双，有一双没穿，她带回家了。

我不得不承认，她做了许多我曾经想做却不敢做的事。她用自己的方式与外界打着交道，并不在意别人怎么看她，这份坦荡让我汗颜。

同样的经历，我觉得尴尬，雪莲却很享受。这不得不让我思考，我的窘迫到底从何而来。直面自己的内心，我发现了那个叫“自卑”的东西。

在我力求完美表现的背后，有一份深深的“不配得感”。我认为自己进入了一个超出自己范围的圈子，惶恐地扮演着我不熟悉的“身份”，生怕一个不小心就现了原形。我处处装作与周围相融，但心底的声音却是“我没见过世面”“我不够好”“我会被人嘲笑”。

雪莲没有这种思想包袱。她并不在意别人的眼光，只是自己世界里的主角。所以即使当初我不给她写小纸条，她也不会像我那样窘迫。她对自己是全然接纳的，不需要“装”。

过分在意他人怎么看，其实是因为内心的软弱。不太认可自己，所以需要向外界索取一些认可来填充。这件事给了我很大的启发，后来每当我的自卑心出来作祟的时候，我都会跟自己说：这是我自己的人生，不必把自己当客人。

有一年去北京参加一个新媒体大会，会议结束后，我去人民日报社拜访新媒体部的编辑老师。闲聊中，我毫不掩饰地告诉老师，人民日报社在我心中一直是殿堂般的存在，我很羡慕他能在这样的单位工作。老师哈哈大笑，主动带我参观报社大院，让我的好奇心得到了极大的满足。

原来对自己诚实并不是一件难事。大大方方告诉别人“我羡慕你”，也不丢人。真实一点，反而更容易感受到外界的善意。

以为会被别人看不起，其实都是我们内心对自己的批判而已。与其说我们太在意别人的评价，倒不如说我们太爱评价自己。就像一句名言说的那样："外面没有别人，只有你自己。"

当一个人放下自卑感，就不会觉得别人有优越感。

学着对自己全然接纳，不带任何批判，我们就会发现自己身上没有任何东西值得嘲笑：平庸不可耻，只是你暂时还不够出色；无知不可耻，只是你暂时还不够博学；肤浅不可耻，只是你暂时还不够深刻。没见过的世面，总有一天会见到的。

羡慕那些比我们厉害的人是一件再正常不过的事，也正是这种动力，让我们不断追逐着更好的自己。

成长，就是把一个又一个"稀罕"变成"寻常"的过程，总有一天，你会踏上你向往过的路，成为你羡慕过的人。这个过程很伟大，一点都不丢人。

活得太累，并不全是因为所得太少

有一天，我带孩子去吃冰激凌。吃到一半，他手里的甜筒掉地上了。

我本以为他会哭闹，甚至做好了给他再补一个的准备。结果，他怔了两秒，然后笑着对我说："妈妈，我还是很高兴的，因为冰激凌只剩一点点了。"言下之意，他已经吃了不少了，很满足，不遗憾。

这番言语让我很是意外。我们原先定好一周只吃一次冰激凌。对于他来说，这一周一次的美味猝不及防就中止了，应该是一个莫大的损失。但他并没有盯着这个损失不放，而是回味着已经享受过的那一部分。

不得不说，孩子有时候比大人更加智慧。吃一颗糖，可以高兴半天；买一个玩具，可以兴奋好久。这些在大人看来无比微小的欢乐，可以冲淡他们碰到的各种委屈和失落。

而大人的快乐，却是转瞬即逝的。买新衣服，只有在买单的那一刻是兴奋的；吃好吃的，只有在尝鲜的那一刹那是满足的。天大的快乐，掩不住看银行卡余额时的心疼和重返烟火生活的落寞。我们总是急不可耐地去寻求更多的所得，任何一种喜悦都很难延续。

相比之下，孩子才是认真生活的一群人，他们把自己得到的东西

视为珍宝，比大人更知足。对自己失去的东西，不过多留恋，对还没得到的东西，即使渴望也不会沉迷。

如果大人在生活中也拥有这样的智慧，估计能缓解一半的焦虑。

我采访过我们本地一位书法篆刻家周老师。

因为对篆刻行业了解甚少，我在采访前做了些功课。查阅资料的时候，发现从事这一行的人似乎都对自己的专业有些不满。有人说，篆刻入行门槛高，消费市场又小，很难做出成绩；有人说，大多数篆刻爱好者都很清贫，因为总想着买各种各样的石头；还有人说，篆刻者常常几个小时一动不动盯着印面下刀，对身体和眼睛的损伤都很大，诸如此类。

我猜，同行有的困扰，周老师应该也有。

走进周老师的工作室，就能看到展示柜里放着许多大小不一的石头。我脑海里的第一反应就是“烧钱”，便顺口一问：“这些石头得花费不少吧？”周老师点头，但谈起石头却两眼放光。他说，好的石头刻起来特别顺畅，看着它们一刀一刀被雕琢成自己的创意，这种满足感是其他东西无法替代的。

我问他：“做这行辛苦吗？”

他说：“当你从一件事情里体验到乐趣的时候，是察觉不到辛苦的。”

于他而言，创作本身就是一种享受，这份收获大大抵消了身体辛苦和物质清贫带来的失落。他原先在一所学校当老师，福利和待遇都算得上同行顶尖。只是学校的工作不能完全满足他从事艺术工作的需求，于是辞职出来开办了自己的工作室。

工作室创立后，几次遭遇经营压力，但周老师从未后悔放弃稳定的工作，因为艺术带给他太多满足。

如果一个人能时常看到并享受自己的所得，那么，失去的东西对于他来说便称不上是“痛苦”。

人的欲望是无穷尽的。一穷二白的时候，觉得能租个舒服的房子住就不错了；租得起好房子的时候，会想着买一个属于自己的房子会更好；有了自己的房子，接下来还会向往带花园的房子、独栋的房子……衣食住行莫不如此，每得到一样东西我们都会惦记更好的。如果你始终盯着自己缺失的一部分，那么始终是欲求不满的。

一个人的执念，便是控制他一生的东西。贪图功名的人一生都会被功名所累，贪图钱财的人终日为钱财奔波。而当一个人跳出执念，一切所得都会成为生命的滋养。

作家马家辉在《圆桌派》上说过两句很精妙的话：“什么是贫穷？贫穷是你的欲望比你的收入多一块钱。什么是富有？富有是你的欲望比你的收入少一块钱。”

人过得是否富足，就看自己如何平衡欲望与所得之间的关系。

人因欲望而烦恼。求而不得，便万般皆苦。许多人活得不开心，并不是因为得到的东西太少，而是因为想要的东西太多。已失去的不忍放手，未得到的不甘罢休，却唯独忘了去欣赏已经得到的那一部分。

可是，一个人能否感知幸福，恰恰取决于他有多少能力欣赏自己所拥有的东西。

生活的真相，本就是一边得到，一边失去，没有什么可以永恒。如果一直盯着得不到的，就会觉得自己处处受了世界的亏欠。感情不能善终是委屈，工作不够光鲜是委屈，别人有的自己没有更是委屈。

事实上，没有谁的生活是完美的。每个人都有得不到的东西，也同时拥有着别人正在渴望的东西。

只有当一个人学会欣赏自己的所得，才会知道自己有多么幸运。家人朋友，健康自由，四季三餐，一蔬一饭……这一切都弥足珍贵。

别以为赚到了更多的钱，住上了更大的房子，你才会快乐。人的欲望没有止境，如果学不会欣赏自己得到的东西，人生永远有缺憾。

要快乐，当下就可以快乐；要幸福，当下就可以幸福。要学会欣赏自己所拥有的一切，然后用这份喜悦带来的底气坦然地面对那些失去。

人生无常，你永远也无法知道眼下拥有的东西能维持多久。能抓住的，努力珍惜；抓不住的，随缘看开。如此，才不会活得太辛苦。

懂得知足，你便能真正体验到什么叫富足。

不管哪一条路，都可以是正确的路

有位读者在跟我聊天的时候说：人到中年，终于明白人生最重要的就那么几步，在关键节点没把握好，这辈子就无法翻身。

他的故事其实很常见：高考填志愿的时候没人指导，自己胡乱填写专业，导致整个大学时光被浪费，连带着后来职场上的种种不顺，都能追溯到这个失误上面来。

选错专业，成了他一生的遗憾。

要说遗憾，每个人多多少少都有一些。就拿我自己来说，前 30 年我的遗憾可太多了：因为早恋和贪玩荒废了学业；因为没受过高等教育，在职场上处处碰壁；又因为入职的行业太过低端，总盼不到出头之日……

细数起来，似乎一步错，步步错。在某个重要节点出现状况，人生就一路下坡。有一段时间，我也曾觉得我人生中所有的遗憾都与高考落榜有关，恨不能时光倒流，再来一次寒窗苦读的机会。

直到后来，我的职业生涯出现转折，生活开始慢慢朝我期待的方向发展，我这才发现：人生是不断向前的，它并不会在某一个关键时刻定格。

那些很重要的事会随着岁月的延伸，慢慢变得不那么重要。初入职场的时候，你会发现，高考得多少分不重要，重要的是你能不能达到岗位的要求；在职场久了，你会发现，哪个学校毕业的不重要，重要的是你在这个行业里有什么本事。

在关键时刻走了正确的路，固然是人生的助力；可即使错过了那个节点，你还是有其他机会。人生没有回头路，却也不止一条路。

常听人说：早知道现在过得这么辛苦，当年真应该好好读书；早知道这个行业这么难出头，当年真不应该踏入这一行；早知道爱人这么不靠谱，当年不跟他结婚就好了……如此这般，似乎人生重来一次，就可以修正许多错误。

曾有位小姑娘找我倾诉她的情感困扰，她跟我说，眼下这份情感继续下去让她觉得很委屈，可是如果就此放弃却又心有不甘，似乎怎么做都是不对的。她遇到的问题，其实也是很多恋爱、婚姻中的女性经常遇到的问题。感情不如想象中那么完美，总是让人两难。

我给她的回复是：有时候选择走哪条路并不是最重要的。重要的是，无论选哪条路，你都有本事把它走好。

我们遗憾的不外乎是：眼下这条路不好走，或许当初选择了别的路，就不会这么艰难了。但事实上，每条路都有每条路的辛苦，没有哪种假设能带来一劳永逸的结果。

更重要的是，即使倒回去，大部分人还是会做同样的决定。一个人的认知、习惯和生活态度，决定了他的选择。因此，每一条路，都是当下必然会走的路。

在同龄人中，我属于特别爱学习的一类人。不少人跟我说过类似的话：假如你学生时代就这么努力，你的生活肯定会比现在好很多倍。

我不置可否。坦白讲，若不是遭遇过生活的暴击，我并不会像现在这样上进。

如果倒回中学时代，即使没有早恋，也会有其他的东西来分散我的注意力。当年的我并没有意识到学习是一件多么重要的事情，所以在努力和偷懒之间，我始终会选择更轻松的那条路。

踏入社会被生活打了耳光，我才明白偷懒是需要付出代价的，才渐渐变成后来那个愿意为人生负责的我。

有时候生活陷入困局，并不是我们赌错了人生的选择，而是当下的认知还不足以撑起一个更好的方向。这些失误，便是一个人成长的必经之路。

没有什么选择是一定对或者一定错的。所谓正确的决定，不过是选择自己能承受的，承受自己所选择的。

这世上有一种人，无论做什么决定都会抱憾终身。一条路走不好的时候，总会想着另一条会容易一些。还有一种人，无论做什么决定都会无怨无悔。他们一旦选择一条路，就会竭尽全力让它成为正确的路，无论遇到多少困难。

我有个朋友原先在一线城市做贸易，好不容易打拼得有点起色，却因为家庭原因不得不放下这一切，回老家谋生。在老家，他转行做农产品加工。不同的环境，不同的领域，他摸索着艰难创业，又花了数年时间把项目做出了成绩。有人说他很幸运，不管在哪里都能碰到机遇。但我更愿意相信，无论他做什么选择，都有本事把这个选择变成正确的决定。

诚然，人生不可控的因素很多，但一个人能掌控的东西也不少。接纳那些无法改变的事情，为一切可能发生的改变全力以赴，你总有机会跟命运扳回一局。

人的一生，没有那么多标准答案。做对得起良心的事，走对得起初心的路，即使某一步行差踏错，也没什么可怕。没有哪种重要的遗憾会延续一辈子。真爱错过了，还会再来；机会错过了，还会再有。过去无法重来，但未来可以改变。

眼下拿了什么剧本不重要，重要的是如何把续集写好。

落棋无悔，人生无惧。只要你知道自己要去哪里，那么你脚下的每一步，都是通往未来最正确的路。

你遇到的一切，都因你而来

大概是 2013 年前后，我在网上看到了一个帖子，发起帖子的博主提出了一个问题：“如果有机会给 2005 年的自己带一句话，你会对当年的自己说什么？”

那段时间很流行这一类问答，后面跟了很多热心网友的答案，大多是想回到过去提醒自己修正人生里的某个遗憾。一眼望去，这世上对自己的人生决定全然无悔的人好像并不多。

我也不例外。一想到 2005 年那个 23 岁的姑娘有多无助，我就只恨自己没有本事冲破时间不能回去抱抱她。我认真地回复了这个帖子，也认真地给当年的自己打下这一行字：别恋爱，你现在遇到的人是错的。

还记得，那年我 23 岁，正在热恋中。我遇上的这个男孩人品不太好，但我却丝毫不觉得他坏。男孩不止一次地偷我的钱去赌博，我也不止一次地在他的保证下心软。我们穷得只能两人分吃一份盒饭的时候，我只吃配菜，把肉留给他吃。遇到盒饭分量不够，我就咽着口水跟他说“不饿”。

最终，这段感情在一次争吵中狼狈收场，而这场抽筋扒皮的痛延续了好几年。

所以，当我看到这个帖子时，无比虔诚地希望能有一个机会：如果时光倒流，我想绕开错的人。

几年后，我在整理互联网账号的时候又一次翻到了这篇帖子。看了看当年的答案，我删除了自己当年写下的答案。

这一年，我 33 岁，结婚了。与先生相处的时间不长，但我却对自己遇到对的人这件事异常笃定。我们出去吃饭的时候，他总是把最好的留给我。有一次，他把盘子里为数不多的虾挑给我时，我想起了当年自己舍不得吃肉的模样。

我突然明白，一切经历都有意义。正因为我深知爱一个人是什么样子，才学会了分辨被人爱着是什么样子；而我之所以会经历一场浩劫，全是因为我把自己看得太卑微。

错的人因我而来，对的人却因我的错误而生。我在懂得自爱的同时，学会了感恩。

有些人不是对的人，有些事也不一定是对的事，但都是我们必然会经历的。这些人和事的出现是因为我们生命里有一些缺失的功课，需要以这样的形式补回来。

在好友圈里，我是最爱学习的一个人，即使是等朋友吃饭，我也习惯在手里拿本书。不止一个朋友认为我没读大学太可惜了。

可是，爱学习的我恰恰是吃了不爱学习的亏，才有了这份觉悟。

学生时代的我，对学习没有半点兴趣。课堂上，我发呆、画画、看小说，就是不愿意学习。高中三年，仅仅凭着兴趣把语文和英语坚持了下来，数学课却一堂都没听过。其他的课程，我有一搭没一搭地听着，成绩不好也便不足为奇。

高考失败是我命中注定要经历的一堂课。它让我为高中三年的偷懒付出了沉重的代价。高中毕业后，我吃了不少苦头。没有学历，没有技能，我在陌生的城市辗转两个月都没找到工作，穷得一天只敢吃一个馒头，走投无路的时候还向行人讨要过回家的路费。

在工厂找到第一份工作之后，我再也不敢懈怠，生怕再因自己的不思进取而给将来埋下更艰难的伏笔。

没上大学固然是一种遗憾，但是这一场重创却换来了我的觉悟，我终于知道了学习这件事对我有多重要。

参加工作十几年，我从没停止过学习，永远都用业内最高的标准要求自己。我从工厂流水线慢慢爬到公司管理层，工作熟练之余开启了写作这份副业，一次又一次地突破了自己的极限。

我更愿意把落榜看成我人生的必经之路。因为我的不努力，导致了落榜；而因为落榜，让我懂得了必须努力。要是没有那一段灰头土脸的日子，我也不会时刻鞭策自己上进。

落榜因我而来，我却因落榜而成长。在为曾经的懒惰付出代价的同时，我迎来了新的开始。

我们在生命里遇到的一切，都因我们而来。

如果你明白这个道理，便会对过往的挫折释怀，因为是它们给了我们重启的机会。

倘若你也遇人不淑，请相信这不全是一场消耗；也许你经历了一段爱别人胜过爱自己的弯路，你会明白自己也需要被善待；倘若你也求职受挫，请相信这并不是生活的刁难。也许你经历了一番波折之后，更能找准自己的定位；倘若你眼下正处于低谷，请相信这不是最终的结果。岁月总是在让我们尝尽了苦头之后，才舍得给我们最好的。

正因为我们不成熟，所以才需要这一次又一次的成长。

过去的每一段经历，都决定了我们眼下的生活；而我们此刻的每一步选择，也会成为通往未来的契机。

人生中碰到的好事坏事，皆因我们而来。如果你明白了这个道理，便不用懊恼过去，也不用焦虑未来。

努力了，成就便因你而来；乐观了，希望便因你而来；善良了，喜悦便因你而来。

纵然人生有失意的时候，但我们能承受的会越来越多，那些遗憾会引领我们奔向更清晰的方向，所以也不足为惧。

每个人的生活，都是自己量身定制的。现在因你而生，未来因你而来。认真对待现在，就是给未来最好的安排。

PART 2

认知篇

（本篇作者：薛笨笨）

世上没有多少捷径可走，人生也没有几个十年经得起浪费。

陷入低谷时，拉自己一把。这是你的人生，你得好好负起责任来。

如果一个人总是以自己的想法过度“推己及人”，那是很荒谬的，要试着跳出自己的固有思维，多切换到他人的视角，借助他人的眼睛去发现另一个不一样的世界。

一个人是怎样变狭隘的?

身为写作者，为了收集素材，我经常混迹于知乎、微博、豆瓣等门户网站。用户评论和视频的弹幕看得多了，越来越发现，狭隘之人，无处不在!

时常看到这样的评论:“你的销售业绩都是喝酒喝出来的吧?”“应届毕业生转正三个月就升职，是不是走了后门?”“整日穿戴名牌、小资小调，一看就是有人包养!”

每每看到这样的言论，我都深感无奈。世界很大，那么多美好而真实的存在不值得我们去相信吗?为什么总有人喜欢用一己之见，去武断地给他人下结论?

狭隘是种病，得治!

01

你不知道的，不一定就不存在

有部电影叫《忠犬八公的故事》。

帕克教授收养了一条走失的秋田犬，并给它取名字八公。在教授的照顾下，八公慢慢长大，成为家里重要的一分子。每天早晨它会去车站目送教授上班，傍晚会趴在车站出口等教授下班归来。可是那天，车站门口的八公再也没能等到教授归来，因为教授去世了。

之后的事情是震撼人心的。八公依然每天准时出现在车站等教授，哪怕教授夫人把它送人，它还是想办法逃回来，继续在车站等教授。春去秋来，整整十年，八公痴痴地在车站等主人出现，哪怕后来它一只眼睛瞎了、腿也瘸了。它一直在等，直到最后安静地离开这个世界。

教授照顾八公一年半，八公用十年等待他归来，这条秋田犬不仅通人性，更懂得感恩。每次看到八公去世的镜头，我总是泪流满面，可又总会看到一些不合时宜的质疑弹幕："编剧真能编，再编下去这条狗都要成仙了……"

抛开电影本就是艺术创作不说，这世上真的没有"八公"吗？有的，真的有这样一条狗。

熟悉八公的朋友都知道，这部电影是根据真实故事改编的，而八公是 1923 年出生在日本秋田县的一条纯种白色秋田犬。

它被东京大学农业系的一位教授抱回家中。从此，不管教授每天下班有多晚，八公都会在车站出口迎接自己的主人。只是一年半以后，教授在学校突发心脏病辞世，那以后，八公就开始了它长达十年的等待，直到去世。

八公虽然已去世很多年，但它对主人的忠诚和眷恋一直被人们铭记，如今的涩谷车站，每天不止有来来往往的行人，更有一座八公的铜像深情地立在那里。

不知道那些发弹幕的人有没有听说过八公的故事，但从他们身上，我真切感受到了狭隘的思想：我不知道的，就一定不存在。

无知的人最容易认为自己无所不知，因为眼界狭隘，以为自己看到的就是整个世界。可一个人于这个世界而言，就是沧海里的一粟。这个世界有多大，一个人的见识又能有多少？每个人都有自己的认知边界和盲区，这很正常，更不丢人，丢人的是欲盖弥彰，滥用自己井口大的天地，去定义外面的广阔世界。

一个人最大的智慧不是无所不知，而是发现自己只是沧海一粟时，对这个世界怀有真诚的敬畏和探索之心。

02

你做不到的，不代表不可能

在我们身边，似乎总不缺这么一群人：他们总爱拿自己的无能去质疑别人的努力，有事没事他们就会冒出一句口头禅，不可能吧，我都做不到，你怎么可能做得到？

有段时间，我因减肥关注了一位宝妈博主，她生完孩子出了月子，健身两个月狂减 40 斤，看到她的经历，我立刻对自己健身充满了信心。

这种分享，本是一件很有意义的事情，可总有人在评论区喋喋不休："这照片前后不是同一个人吧""两个月减这么多，太假了""瘦这么多，不太正常"……我只想说：你不是她，你怎么知道她为瘦身 40 斤做出过怎样的努力？她每天按时健身，保持作息规律，严格控制饮食，少油少盐，只吃粗粮，忌甜品，坚持母乳喂养……

这背后的一切，那些人有去努力做到吗？别人在行动，他们却只会张口质疑。

不得不承认，人和人之间是有区别的。有些人自己做不到，就认定没有人可以做到，以己度人、妄加猜测，这种狭隘大概就是这类人想做却永远也做不到的最根本原因吧。

这个世界，每天都会发生很多事，那些我们认为不可能的事，总有人在用行动一一验证并实现。

我在美食群里认识的小熊妈妈，已连续1522天为孩子做出不重样的花式营养早餐；我认识的一位大姐，她从母乳喂养孩子时常堵奶、找人通奶，到自学催乳通乳，然后深钻研考证，再到如今已带着两人开始创业……

你会发现，这个世界就是这样，狭隘之人比比皆是，但拿出结果说话的人，也大把存在。

也许，人和人的差距就是这样拉开的：一些人在努力变得强大、自律，另一些人却在狭隘里越陷越深。

03

你的偏见，局限了你的视野

狭隘的另一种重症表现就是，偏见。

我一直对一道测试题印象深刻：给出一张张陌生面孔的照片，要求只依据照片来猜测此人的性格特点和人生前景。测试结果表明：人们认为外貌具有吸引力的人更有趣、更善于社会交往，在生活和爱情方面也更容易取得成功。

这个测试结果其实戳破了一种常见的现象：外貌偏见。太多人在看到俊美面孔那一刻就不自觉地给出了正面评价，当然，不经意间也给那些外貌没有吸引力的人判了“死刑”。我们的生活中不仅有外貌偏见，还有性别偏见、职业偏见、地域偏见、圈层偏见等。

我曾在朋友聚会上认识一位姑娘。姑娘文静秀气，全程不怎么说话，但脸上始终保持着笑容，我心想跟这姑娘交朋友应该还不错。但当我们讨论着一会儿去哪里的夜市摊儿吃烧烤时，她打断了我们，说夜市摊儿的烧烤吃不得，食材不安全、环境不卫生、人员太复杂……

我当时虽没出言反驳，但听她把夜市说得这么一无是处，就觉得这姑娘真矫情，并且还琢磨着：这么矫情的人，工作时要是受点委屈，那不得是哭得梨花带雨、一副柔弱不能自理的样子？

两个多月后，我在朋友的生日聚会上再次见到了她。她晒得黑黢黢的，一副很疲惫的样子，我大吃一惊。原来，她干起了销售，为了通过试用期考核，她已经"扫街"一个多月，除去休息日，每天跟搭档一条街一条街拜访陌生门店，收集信息、积累客户。

跑过销售的人都知道，"扫街"极为辛苦，且不说要风吹日晒雨淋，日行上万步，更重要的是一次次豁出去后收到的大都是冷眼和拒绝……

她居然能干这个？我不太相信。朋友劝她，干这行太辛苦，还是听父母安排去某公司当文员吧，她急了，表示就想靠自己找份工作，还一再承诺等她成功转正一定请大家吃小龙虾。

看着她坚定且自信的样子，我突然有些羞愧，单凭一次"烧烤发言"，我就对她种下偏见，而后给她贴标签，结果我被狠狠打了脸。

很多时候，因为一点点风吹草动，我们总以为自己看到了真相，但那些"真相"会不会是基于自己的狭隘心思而触发的一些偏见、妄断呢？明明心里很清楚偏见不可为，可又有多少人每天在偏见的世界里来来往往、进进出出，喜欢什么、讨厌什么，以此为标准去窥见他人他事。

如果说，偏见也能变成一种真相，那么，这样的真相不要也罢。

毕竟，当一个人妄下判断的那一刻起，偏见就会不断唤醒他内心深处的恶毒、嫉妒和自卑，而这些阴暗面又会不断啃噬他的冷静、善良和共情，最终让一个人变得不可理喻。

带着偏见看世界，是一个人最不可救药的狭隘。

04

世界那么大，你看到了多少？

狭隘，的确是一个不太招人待见的词，但我们又不得不随时和狭隘作对抗，要么摆脱它走进更广阔的世界，要么被其牵着鼻子走，一生如此。

《少有人走的路》作者斯科特·派克曾把人们对现实的认知比作一张地图。在他看来，这张地图是需要不断更新、完善的。

可是，相当多的人对探索事实缺乏兴趣。还有的人过了青春期，或者到了一定年纪，就放弃了绘制地图，以至于他们一直手握着一张窄小、模糊、粗略的旧地图去和这个世界打交道，这样又怎能到达理想的目的地呢？

世界不断变化，人生也需要不停刷新，一个人如果一直抱着残缺、落后的地图不放，必将在狭隘和偏激的路上越走越远，最终走进人生的死胡同。

几千年前，孔子就曾以四绝“勿意、勿必、勿固、勿我”要求自己：做事不能凭空猜测、主观臆断；对事情不能绝对肯定；不能拘泥固执；不要自以为是。

海子也曾说，你来人间一趟，你要看看人间的太阳。我们来到这个世界，不是为了画地为牢，更不是为了做一个狭隘的人。

打破狭隘、看清自己，你的世界才会越来越宽广。

一个人心理成熟的四个特征

没有人能绕开成熟去谈人生。一个人成熟的标志是什么？我想，应该是能正确处理好与自己、与他人、与世界的关系。

有句话说："成熟是一个人屡次和生活交手后的蜕变。"我很赞同这样的定义。这种蜕变不一定和年纪画等号，却一定和参悟人生密不可分。它或许早到一些，也可能晚来片刻，但无一例外都是直面诸多问题后的心智升级。

当一个人的身上出现以下这四个特征，他应该已经走在了成熟的路上。

01

不再随易地评价他人，更注重做好自己

电影《搜索》中的叶蓝秋曾带给我很深刻的思考。每次我想随意评价他人的时候，就会先想想她的经历。

叶蓝秋是一家上市企业的董事长秘书，在一次例行体检中，她被医生告知患上了淋巴癌，并且是晚期。

她心灰意冷地走出医院，上了一辆公交车。沉浸在惊愕与恐惧中

的她没有给旁边的老大爷让座，一场风波汹涌而来。这一幕，恰好被人拍下放到了网上。紧接着，叶蓝秋遭遇了一轮又一轮网暴。最终，这个饱受指责的女人选择结束了自己的生命。

有多少讨伐她的人知道事情的真相呢？不知道那些得知她真实处境后的人们，事后会不会有一丝内疚？

我很感谢导演拍了这么一部片子，至少让包括我在内的很多人深刻记住一件事：当不知道他人背后的隐情，不了解他人的内心时，不要轻易评价他人。

没有人喜欢被不明真相地胡乱评价，就像有人终于攒够钱可以带爸妈去旅游，却被人说是乱花钱、败家；就像有人凭实力终于升职总监，却被人嘲笑走了捷径……

这个世界，每个人都在按自己的方式生活着，也许彼此间会偶有交集，但我们看到的仅仅是我们能看到的，那背后往往还藏着更多我们看不到的真相。

未知全貌，不予置评。当我们想给他人下结论时，切记：做好自己，远胜于随意评判他人。

02

不再诸事抱怨，更在意寻求解决方案

有人说：人活一世，最应该戒掉的恶习就是抱怨。毕竟小孩子才发脾气，成年人更需要解决问题。当一个人对现实生活不满，却又不愿花时间和精力去解决时，抱怨就成了其发泄不满的首选手段。

考试不及格，抱怨题目太难；跟单搞不定，抱怨客户要求太高；人际关系差，抱怨身边的人太过无情……但凡一个人想抱怨，那么，几乎没有什么是不能成为他的抱怨对象的。

问题从来不出在那些难处上，而是出在人的心态上。有句名言说：“跳舞不好的人，总是抱怨自己的鞋子。”抱怨鞋子不合脚是一件很轻松的事情，提升自己的舞技却要经历千辛万苦，然而后者才是解决困难的更好途径。

每个人的时间都很有限，多花一分时间抱怨，就意味着少一分时间去提升自己。没有谁比谁容易，你付出的行动多一些，应对问题的能力就强一点。

一定要学做一个成熟的人，不动声色地解决问题。

03
不再强求完美，接纳真实的自己

进入职场后，有一段时间我曾深陷自卑，因为发现自己很不完美，看哪儿都是缺陷：样貌不出众、身材一般、智商有时堪忧、能力欠缺、人际交往能力几乎为零……总之，那段日子里我的内心一团糟。

在鲜明对比之下，我开始崇拜我们部门的女领导：身材好、长相漂亮，能力又强，沟通水平在全公司数一数二，关键是人还很温柔，脾气又好。

可以说，那时她就是我心中的“完美女神”。而我也一门心思地琢磨着，只要向她靠近，我就可以变得完美了：不爱化妆的我，开始模仿她的妆容；基本不穿高跟鞋的我，开始踩着 5 厘米鞋跟上下班；明明不胖的我，为了瘦到她的体重开始节食；刻意学她说话时的轻声细语，按照她的办公桌上的玩偶买玩偶……

那是一段难受的日子，我说不上哪里不对，又感觉哪里都不对。

还是其他同事发现了我的异常，让我找到了“不对”的根源：太想变得完美，于是不自觉地找了个所谓的“完美的人”去模仿，结果把自己弄得面目全非。

这世上哪有“完美的人”这一说，我曾经以为的“完美女神”也只是我的心魔罢了。更何况，就算模仿得再相似，也成不了她，反而会因为“精心伪装”而弄丢了真实的自己。

人非圣贤，谁还能没个力不从心的缺点。不必拿自己的短处去比别人的长处，有光有影才是真实的人生。

早早放下执念，不要强求自己变得完美，才能真正活得舒展。

04

不再纠结对错，更懂得权衡利弊

朋友曾给我讲过一个故事。

一对情侣在等地铁时发生争执。男的说：“我经常走这条线，听我的没错，按照你说的，会绕弯多用半小时！”女的说：“你说得不对，我昨天都查过了，换乘 3 号线比你说的那条线要近。”两人都认为自己的路线是对的，于是互相都不妥协，都很生对方的气。

这时，一旁的大爷对小伙子说：“你要是想少花时间，就走你说的路线，你要是还想要女朋友，就走她说的路线。”

果然，老大爷一句话就点到小伙子的要害：是证明自己是对的更重要，还是和女朋友的感情更重要呢？

在成年人的世界，对错有时候真的那么重要吗？

我们在孩童时期，看电视一定要分出好人、坏人，慢慢长大后做事情也一定要给出是对还是错的定论，但经历的事多了，我们越来越发现，好像对错并没有想象中那么重要。对错没有绝对，我们认定的对，或许就是他人眼中的错。

孩子高考想报考汉语言专业，父母却觉得金融专业更靠谱；老公想全款购车解决交通出行，老婆却想把钱拿来投资临街旺铺；你想去一线城市打拼奋斗，家人却希望你留在家乡有个照应……以上种种，谁能说清楚到底谁对谁错？

很多时候，纠结事情本身的对错毫无意义，但唯一可以肯定的是：我们在做选择时，想得到什么就必然会失去些什么。相比事事争个对错，弄清楚自己真正想要什么，而后再去做取舍，这才是看透生活真相后的成熟。

人生，就是一场修行，每个人都在修行中不断刷新认知、重塑自我。

当阅历越多、蜕变越多，便会越早发现，成熟不一定就是痛苦的，因为它让我们学会了以更淡然的态度、更喜欢的方式走向自己更期待的明天。

成年人的孤独，并不可耻

1994年，摇滚歌手张楚出了一首新歌《孤独的人是可耻的》。没过多久，这首略带反讽味道的歌曲就开始被无数人哼唱。不知道有多少人真正理解了张楚想表达的东西，但确实有不少人从此记住了这句"孤独的人是可耻的"。

十多年后，我也成了对号入座的一分子。

那年我大学毕业，奔赴心心念念的西安工作。可惜没过多久，新鲜感就被孤独取而代之。没有朋友，没有社交；下班后独自去吃麻辣烫，周末一个人靠着老城墙晒太阳；跟几千里外的朋友打电话，说的也都是"嗯啊，挺好的"……

想聊天找不到推心置腹的人，想做的事没人陪着一起疯，想去的远方找不到人和我一起出发，那种处在世界之外的孤独感不断向我袭来。我开始想尽办法让自己去合群、去融入圈子。

可是，越折腾越拧巴，孤独感非但没有减弱，反而变得更加汹涌，我不禁茫然：一定要这样排斥孤独吗？

眼看着折腾没用，只好顺其自然，怎么舒服怎么来。下班后，窝在小厨房里照着菜谱学做菜，有时做得一塌糊涂，但还是会傻乐呵；

二逛、三逛博物馆，沉浸在西安的辉煌历史里面，一次又一次被它惊艳；去汉唐书城，安安静静地读书，一待就是一整天……

一段时间过后，我竟然适应了这种独来独往的日子，并且享受其中。孤独哪里不好？孤独赐予我安静、开心和满足，让我远离焦虑和沮丧。更重要的是，这种顺着自己内心成长的日子真是太充实了！

那个时候，我才意识到，包括我在内的很多人都认为孤独是被动的、消极的，"孤独者"是无趣的、乏味的，所以，对孤独无比排斥。记得曾有一个网络调查说，近 80% 的人至少偶尔会感觉到孤独；超过 70% 的人认同"我们都在各自忙各自的，孤独是一种常态"。

不可否认，孤独确实是很多人的常态，但这不代表孤独就一定是可耻的。一个孤独者，恰恰也可能是一个丰富的人。我曾经很喜欢一个女作家，喜欢她倒不是因为她在写作或翻译上有多么高的成就，而是在她身上，我看到了孤独塑造出的那个独一无二的有趣灵魂。

她是南方人，给大众的印象就是温柔知性，但她最初给我的印象却是一直独居、一个人出国留学、一个人摄影、一个人旅行……我一直很纳闷：她怎么把自己活得这么孤独呢？直到有一次听到她采访时说了一句话："我不怕孤独，因为要做太多自己喜欢的事情。"

原来，当别人和孤独较劲的时候，她却在享受孤独。她去过世界上最大的木偶博物馆，也目睹了肯尼亚马赛马拉大草原的辽阔；她拍到过黄昏下戈壁滩的壮观，也记录下了正在拉穆古镇港口玩耍的孩子们……正如她自己所说，孤独于她而言，更像是一种清醒剂和催化剂。

正因为屏蔽了周围一切杂音，她才得以看到这世上更加美丽的一面，也将人生中那些难得一见的画面用照片和文字保存了下来。这也难怪，她虽然以孤独的模样示众，却丝毫不妨碍她拥有一个有趣的灵魂。

我时常在想，一个人如果能早早抛弃对孤独的偏见，那么，也许就会早早明白，孤独只是很多人自行选择的一种生活方式，也是一个人成长的必经之路。

所以，在离开西安之前，只要有时间，我就会背上背包，坐上公交车，沿途打卡那些我一直想去却没去的遗址或景点。透过公交车的车窗，我见到了这个古城最真实的一面；爬上城墙，我梦回大唐和大明；走进曲江寒窑，了解薛平贵和王宝钏的故事……我也慢慢地学会在孤独里自得其乐，感受自己灵魂的充盈。

于是，平生第一次，我开始认真琢磨：为什么有人在孤独里可以自得其乐，有人却闻之丧胆、仓皇而逃？为什么人们对待孤独会有如此差异？

想来想去，答案便是：**孤独，是一个不断探索内在需求的生存状态。**

换言之，当一个人真正清楚自己想要什么，就会心有所定、心有所向，这种状态是很难被外界绑架或束缚的，所以自然能很好地与孤独相伴。反之，则会一味地想逃离。

我们常常听到名人在演讲的时候提到“我要谢谢那些年的孤独时光”。

的确，虽然人是群居动物，不可避免地会被各种关系羁绊。**但只要认真梳理每个人曾经走过的路，就会发现那些最深刻、最重要的蜕变一定和孤独有着千丝万缕的联系。**

学生时代看金庸的武侠剧，每每看到那些武林高手动辄要闭关修炼七七四十九天、九九八十一天，我就会生出一种担心：要怎样才能熬过那么多天啊？他们不害怕孤独吗？历经诸事后，我才明白，一个人从离开母体的那刻起，或多或少就不可避免地要开始面对孤独。

作为一个武林高手，越能直面孤独，就能越快抵达心中向往的那个江湖。那些书中的高手是如此，普通人你我亦是如此。

网上曾有人这样描述孤独：触不到的朋友、戒不掉的依赖、停不住的时间、定不了的未来，都让我们孤独。现代人似乎越来越孤独。

但其实把这句话换个角度看，也许就是另一个样子：**孤独让我们和这个喧嚣的世界保持了一定的距离，如果能守好这片人生的“自留地”，它就会成就人生的另一种可能——我们会因为醉心耕耘而变得更有收获。**

当一个人学会享受孤独，那他在孤独中所做的事就开始让他真正区别于其他人。所以，孤独没我们想得那么可怕，它从来就不是什么洪水猛兽，不需要刻意避开。勇敢走进孤独的世界，借机充实自己，就是在越变越好。

成年之后，很多路都是要一个人走的，而那些孤独的岁月，终会成为人生光芒绽放时最美的背景板。

那些不容易的事情，才会让你变得不简单

我爬过一次华山，那过程至今难忘。

爬之前，我对自己充满信心；但真正到了华山，才发现我高估了自己。相比我之前爬过的山，华山险得多、陡得多，这就意味着我得拿出更多的体力和耐心，超水平发挥，才能最终登顶。

但事实却是，一个多小时后，我就上气不接下气、汗流不止、抬腿艰难，特别是爬那些近似直上的阶梯，我不得不两手两脚并用，遇到左边是万丈深渊的地方，我大气都不敢出，手心直冒汗……

又累又害怕又狼狈，我萌生了撤退的想法。然而，华山到底是华山，连退路都不给人留。我清楚记得，我站在绝壁边思考是进是退时，往上看是看不到头的阶梯，朝后看是70多度的陡坡。果然自古华山一条道，来了绝无回头可言。

我不得不放慢脚步保存体力，调整心态，想尽各种办法转移疲劳感：拍拍山上的风景，跟其他路过的行人聊聊天，和朋友比赛哼歌……

总之，再难再累也忍着，谁让我爬得是华山呢？哪怕我最后一个登顶，也不能无功而返。挨过一个小时，又挺过一个小时，拿下最后一个小时，在被折磨了近5个小时后，我终于站上了北峰。

人真是情绪难测的动物，明明几分钟前，我还在骂自己自讨苦吃、自作自受，但往那山顶一站，天下美景尽收眼底时，那自豪、那兴奋在心底瞬间炸开了花！

那么难、那么苦、那么狼狈，值吗？我只想说太值了！

这一次华山之行，像极了我们在人生路上遇到事情挑战自己的样子。

最开始，带着好奇心和挑战欲，自信满满；慢慢地，当难度加大、超出预估时，整个人变得纠结、退缩、徘徊不定；接着，发现没有退路时只好硬着头皮继续冲；最后，调整心态、寻找方法，发誓要征服它。

也许，不挑战，我们也有风景可看，只是同样的风景看多了总有腻的那一天；人在舒适圈里待着，做着相似而又信手拈来的事情很安全，可人会不知不觉变懒、失去斗志。

这 5 个多小时的爬山经历让我明白：想看到更好的风景，就要爬过一段更险的山路；想要有更大的突破，就得经历更大的煎熬。

我一直觉得，一个人做那些更不容易的事情才会收获更多惊喜。

在学校时，考英语六级比英语四级更费劲，可前者会让我们成就感更强；参加公务员考试，国考会比省考竞争更激烈，但前者让我们得到的回报更多；进行体育比赛，拿世界级冠军比拿全国冠军更困难，但前者让我们收获更多掌声。

水往低处流，人往高处走，越往高处走人就越少，毕竟有人敢于挑战自己，打开新世界大门，就有人避开挑战，待在安全区。

我认识一个跑销售的小伙子，他刚入行时白纸一张，但因为能吃苦又机灵，还肯学习，在师父的带领下，不到半年就开始独立做单。销售技能的迅猛提升使得小伙子频频出单，接连三个月摘得月销售冠军的荣誉。可奇怪的是，那之后他却一直表现平平，再无重大突破。

直到师父一番话，让他如梦初醒："以你现有的水平，成交小订单已不再是难事，可若继续在轻车熟路的小圈子里打转，很难有更大的突破。"

的确，如果一直用成交 10 万元订单的方法，怎么能拿下 100 万元的订单？订单越大，客户自然越挑剔、成交难度越大，而这势必要求他在与客户过招时有更专业的知识、更成熟的谈判水平和更强的应变能力。

得到师父点拨后，小伙子很上道，下定决心拿下那个令他望而却步的大客户。

目标确定后，接下来就是行动：恶补专业知识、收集客户的所有背景资料、实地走遍客户所有的门店，认真调研客户同期的主要竞争对手，还学起了心理学……

整整三个多月，小伙子心无旁骛地就研究这一个大客户，想各种办法约见客户，然后面谈，一轮又一轮的谈判，最终一举拿下这个大订单，开启了自己销售生涯的新篇章。

果然，跳出小圈子，多挑战，才能体验更大圈子的刺激和精彩，拥抱更多的可能。

做销售是如此，写作、做策划案，甚至创业，都是一个道理：不要让一时的舒适和安逸，慢慢磨平自己的好奇心和求知欲。

多尝试做一些让自己害怕、辛苦，但长期坚持下来会让自己更有收获的事，虽然其间会让你多出很多痛苦，但你的能力会更强，能与你竞争的人也会更少。

我曾在网上看到过一个提问：今天你能有所成就，最大的收获来自哪段经历？

大部分人的回答，都锁定在某一段特别艰难的时期，不管是主动挑战还是被动承受，那段更难的过程让日后的自己受益更多。

事实也是如此，那些看上去好走的路、做得太过顺手的事，会更多地将我们引入原地踏步的状态中，甚至你以为自己在原地踏步，但实际上已经在退步。相反，那些艰难的路、棘手的事，会逼迫我们不断探索新领域、学习新事物，最终让我们快速成长和蜕变。

安于现状自然毫不费力，可正因为经历了更难的，我们才不至于错过让自己变得更加优秀的机会。

不怕一时容易，就怕时时想着容易，从此裹足不前；选择一时艰难，却并不代表会一世艰难。我始终坚信，只要把艰难变成跳板，我们定会跳得更远、飞得更高。

十年后，你一定会后悔的四件事

“只要想起一生中后悔的事，梅花便落满了南山。”这是张枣在其诗歌《镜中》一句让人印象深刻的话。

梅花都能落满南山，那张枣内心的悔恨得有多厚？只用寥寥数语，张枣便把他心中的那座“南山”勾勒出来，呈现给了无数人。

但不只是张枣，几乎每个人心中都有一座“南山”，那山上藏着的很多事情，当时不觉得，可十年后再回忆起来，颇为后悔。

01

浪费太多时间取悦他人

某档综艺节目中有一个“名场面”：一位老牌实力男歌手在节目中一反常态，放弃自己擅长的抒情音乐风格，进行唱跳挑战。只是他表演完毕，随即就被百赞团戏谑“像是走进了中年迪斯科舞厅的感觉”。

当时的现场真是尴尬极了，还好有一位评委及时发言，不仅替他化解了尴尬，还狠狠治愈了他。

“如果你今天的改变是为了你自己，那每一个观众都愿意给出这样的舞台和机会去看你改变；但如果是为了歌迷，那大可不必，因为你这一生不是为了满足每一个人，而是找到跟自己同频共振的那一部分人。”

多么朴素又有力量的一段话：你的一生不是为了满足每一个人。那一刻，不知道，有多少人在那位男歌手身上看到了自己的影子，又有多少人被评委的字字珠玑戳了心窝子。

人活在世上，或多或少希望得到他人更多的接纳和肯定，只是接纳和肯定一向来之不易，于是，很多人便走起了“取悦别人”的路子。

有人说，你那么厉害帮我写个文案呗，于是你熬了个大夜无偿帮他搞定；有人说，你整天看书是装清高吧，于是你扔掉书本每天晚上和他们一起追剧；有人说，谁还去大理玩啊，太土了，于是你赶紧更改计划去对方推荐的那个城市旅游……细数过往，有多少次，我们委屈自己去取悦他人？

当然，做自己从来也不是一件容易的事，毕竟在我们身边总有那么一群人，时不时跳出来企图同化我们、掌控我们，但为了摆脱他们的否定、嘲笑和孤立，我们就得帮着他们欺负自己吗？

你要知道，就算你熬夜帮忙了、一起追剧了、不去大理了，看不惯你的人还是会摆脸色给你，挑你刺的人依然会处处找你的麻烦，孤立你的人依然会让你不好过。

费那么大力气，到头来只是自己一厢情愿地讨好罢了。

有道是萝卜白菜各有所爱，一个爱吃萝卜的人没必要为了迎合另一个人去吃白菜。同样地，一个爱吃白菜的人，也没有权利对爱吃萝卜的人指指点点。

爱看书就去看书，想去大理就去大理，不想帮忙就拒绝，这才是做自己最大的自由。人活一辈子，不知道会迎来送往多少人，如果对每个人都花时间去取悦一下，那自己得活得多么憋屈和疲惫。

这个世界是多彩的，而你我也都是构成这多彩世界的一分子，用不着去迎合谁、讨好谁，随性而活、活出自我，这便足够！

02
在应该奋斗的年纪没好好读书

当年，我对堂妹的高考分数深表惋惜，但凡她再努力一点，找回自己最好的状态，上大学不是问题，但终究还是错过了。

我问她，最后一年为什么不拼一把，她告诉我，那个时候就觉得压力太大了，学习太累了，太想过得舒服点，并且上不上大学好像影响也不大。总结一句话就是，吃不了读书的苦，且认定读书也不重要，所以，她高中一毕业便去了大城市打工。这件事成了她这辈子最后悔的事。

最开始打工的三四年，堂妹进过流水线工厂、卖过护肤品、做过公司前台，用她的话说，养活自己完全没问题。只是，度过前期求生存的阶段后，当她想迈上新台阶时，她发现自己的发展空间极为有限：和同事组队干活，发现自己随时会被高学历、高才华的人碾轧；想升职，公司里其他同工龄、同能力的更高学历者自然先有出头之日；想进更大的公司，哪怕有匹配经验但在第一轮就因低学历被拒之门外……

也就是在那个时候，她意识到，如果当初好好读书，把那些挑灯夜读的苦都熬过去，拿到更好的文凭，今天至少会拥有更多的选择机会，而不是还未走上舞台，就眼睁睁看着自己被没收了入场券。

终于，知耻而后勇的她，到了30岁开始自学会计，因为她比谁都清楚，如果从现在开始再不加油向上走，她大概率就再难以冲破限制她的桎梏，只能泯然于其中了。

有类似堂妹经历的人，不在少数，曾经无所谓，后来明白了，每个人都在或长或短的岁月里被社会狠狠毒打过后，才懂得了好好读书的意义。

不能否认，会有条条大道通罗马，但读书就是那条可以让自己起点更高、走起来更轻松、享有更多选择权的路，为什么不去试试呢？为什么要等到付出更多的时间成本、试错成本后才相信呢？

我承认，好好读书不是我们人生唯一的出路，但当我们试过其他各种出路后，就会明白这条路会深刻地影响我们人生成就的上限。

03

急功近利，走了捷径

有句话一针见血：当有些人发现了一条捷径，这条捷径就会迅速变成他们唯一愿意选择的路。

百度百科对于捷径的定义是：不循正轨、贪便图快、取巧进身的门路。我身边有很多人正走在这条道上：有人考公考上了，但在毕业时却拿不到学位证，只因毕业论文被发现涉嫌抄袭，最终受到了延迟毕业的惩罚；有人原本踏踏实实开着奶茶店，却迷上朋友圈里所谓的“一夜暴富门道”，最终钱财被席卷一空；有人想升到总监职位，自知实力不够便搞小动作诋毁竞争对手，东窗事发后在业内落得个无能无德的名声……

以上这些人，若要奚落他们是笨蛋，他们又总能在投机取巧这件事上找到法子；若要夸他们聪明，他们却连最基本的道理都抛之脑后：一个人，无论干什么都无法逃脱循序渐进的规律。

就像小孩子要先学会翻身、坐立、爬行，才是接下来的会走会跑；就像农民之所以在秋天迎来好收成，是因为先有了春天的播种、夏天的打理；就像有些人能成为优秀演员，源于他们之前不断地夯实自己声、台、形、表的功底。

这其中的每个过程对最后的成功都至关重要，且需要大量的时间累积和行动。而那些走捷径的人，总想着既不花时间又不用行动，就拿到渴望的结果，这怎么可能？

初走捷径尝到甜头时，你会以为自己被好运眷顾，终能如愿以偿，但却不知，一切“好运”背后都藏着一场“等价交换”。那些从天而降的“甜头”必定在日后的某一天，会让你付出更大的代价，也许是金钱，也许是人格、信用、健康等。

最后，与其说太累了、太苦了、太难了、太慢了，是很多人走捷径的理由，倒不如说是自己内心深处不劳而获的想法坑了自己。人生路很长，坑自己一次可以当作买一个教训，但总是自己坑自己那就没救了。

这世上真的没有捷径可走，摈弃不劳而获的想法，脚踏实地稳扎稳打，这才是一条最快达成目标的安全之路。

04

找太多借口，放弃了梦想

高二那年，我认定自己的梦想是当一名自由撰稿人。当时学业繁重，但我还是挤时间不停写作，终于在语文老师的指导下，我的文章开始一篇篇出现在校报上，被同学们传阅。

那时，我就幻想着等我考上大学，就有更多的时间和精力去追逐梦想了。然而，一切并非我所想的那样。

刚开学时，我告诉自己可以先享受享受大学生活，写作放一放；再后来，我告诉自己，写作毕竟没有考英语四六级重要，再说吧；到了大四，我又告诉自己实习更重要；毕业后，我又说服自己，好好工作、养活自己最重要；终于等到变成职场老鸟，我一算，近10年没动笔了，唉，干脆放弃吧……

你能想象吗？一个立志要做自由撰稿人的人，竟然一次次亲手抛弃了自己的梦想，甚至认为一切事出有因、情有可原。

直到后来我结识了猫姐，得知她为了实现作家梦，一边工作一边抠时间，夏天四点半、冬天五点半早起写作，晚上把孩子哄睡了爬起来熬夜写作，她用心观察生活收集素材，写自己成长、写他人趣事、写暖心故事，她用最真诚的文字以小见大，治愈了无数奋斗中的普通人。

看到她为梦想的付出和坚持，我开始反思：我放弃写作，真的是事出有因吗？不是的！享受大学生活、考英语四六级，以及上班这些事和写作之间，一定非得二选一吗？一定存在很大的冲突吗？不是的！

那么多年，我既懒于动笔写作，心里又不愿承认自己偷懒，便找种种理由让自己过得心安理得一些。一切看似合理的说辞背后，不过是我在极力掩盖自己的贪玩和懈怠罢了。

就这样，我亲手放弃了写作梦，当然也有人像我一样放弃了医生梦、画家梦，放弃什么不是重点，重点是：人呀，想实现梦想时，一心想着我一定要实现它；但与之相反，想放弃梦想时，总能给自己找很多很多借口。

谈梦想毫不费力，实现梦想谈何容易。不过大道至简，在梦想面前只要诚实，不找借口、少做假设，晚一点、慢一点实现它又何妨？只要一直在慢慢靠近，还怕等不到实现它的那一天吗？

猫姐的经历给了我信心，我又重拾我的写作梦，开始在电脑上不断写下我想写的故事。4 年过去了，每一年年底复盘时，我都会表扬自己：看，你离你的梦想又近了一大步。

不知道当我写下这些文字的时候，有多少人刚刚放弃了梦想，我想说：别啊！就像我之前经历的那样，你以为自己会忘了梦想这回事，但它哪儿那么容易被你从心底抹去，某次午夜梦回想起往事时，你甚至会恨不得狠狠捶自己两拳，毕竟那是自己曾经为之不懈努力过的梦想呀，当时怎么说放弃就放弃了？

人生能有几次搏，有梦想就大胆去做，别被借口绑架，也不对困难妥协，那样，将来迎接自己的才不是悔恨交加，而是满心欢喜。

人这一辈子，后悔的事情何其多，又何止取悦他人、拒绝读书、走捷径和放弃梦想这些事。不同的人，后悔有多有少、有轻有重，只是旁人无从知晓罢了。

如果说，对之前做过的事感到后悔，还不算太糟糕；那么，让那些曾经令自己后悔的事再次上演，才更可怕。

人啊，一定要学会吃一堑长一智，不要在同一个地方摔两次跟头，毕竟，人生有几个十年经得起浪费？记住，千万不要让自己陷入悔恨的循环中无处可逃。

永远不要变成自己人生的旁观者

有一年年末，我给自己写年度复盘，收获写了一张纸，但掉过的坑、得到的教训却写了三页之多。有那么一小会儿，后悔、沮丧和生气盖过了开心和自豪，毕竟，我发现好多事情，只要自己再坚持一下、再认真一点、再克服一把，也许结果就会大不相同。

但这又能怪谁，都是过去一年自己亲手种的因呀：够负责、有行动，就收获好的果；对自己一副袖手旁观、无所谓的态度，自然拿不到想要的果。

想着去年种下的因和今年复盘的果，我脑子里闪过一句话：永远不要变成自己人生的旁观者。

我曾在网上看到过一个小故事。女孩大一时爱熬夜，因此成为起床困难户。她定了无数闹钟都没啥用，于是请室友们帮忙叫她起床。室友们按要求把她从床上拽起来，只是没料到，女孩却因为有起床气而大发脾气，搞得室友们很是窝火。

又一个早上，她迷糊中醒来发现室友们正要出门上课，随口埋怨为什么不叫她，其中一个室友毫不客气地回复："起床困难那是你的事，不是我们的事，你自己都对早起晚起无所谓，我们为什么要操你的心！”

字字带刀，一把激醒了还有些神游的她。女孩倒也是听进去了这些话，之后便改掉熬夜的毛病，开始早睡早起。

我觉得这个女孩蛮幸运的，毕竟自己的事自己都不上心、不作为，难道还奢望别人上杆子来操心吗？幸好她被室友怼醒了，不然她放任自流、一天天这么放纵下去，毕业时她得变成什么样子。

很多网友在她身上看到了自己的影子，也纷纷留言讲述了自己的经历：整整一个学期，我旁观了自己课堂上睡觉开小差却无动于衷，直到最后挂科；过去半年，我旁观了自己胡吃海喝，还偷着乐，直到体重超标、身形走样；曾经我旁观了自己在工作中浑水摸鱼，以为自己好聪明，直到被同事边缘化……

明明知道自己出问题了，明明发现自己走偏了，却装作无所谓、不出手制止，这就是一个人对自己最大的“旁观”，而这种不负责任的“旁观”，日后也带给了自己无数苦不堪言、后悔莫及。

我们身边，经常有人会问：我的人生是怎么一步步走到今天这么糟糕的？答案其实很简单，那是因为你把自己置身事外了，对自己身上的毛病视而不见，对自己的不端行为听之任之，遇事就逃避，最终这样的人生怎么会不糟糕！

聪明的人都早早懂得自救。任何时候不要对自己袖手旁观，不要再冷眼观察自己，要介入其中，要采取行动。

首先，小有成就时，记得给自己“泼点冷水”。

有很多人，稍有成就便开始变得狂妄自大、目中无人，整天一副

"老子天下第一"的做派，但其实还没等到真正变成"天下第一"的那一天，这些人就先成了众人眼中的"自大鬼"。

所以，当自己小有成就时，不要沉浸在掌声和鲜花中不能自拔，反倒是应先给自己"泼点冷水"。掌声让人迷失，冷水让人清醒。我们要记得，虽然如今的自己很厉害，但也不是最出众的那个，要知道人外有人，山外有山。千万不要因为取得一点成果就沾沾自喜，把眼光放长远些，眼界放宽些，时刻提醒自己别忘了努力的方向，在谦卑中继续前行。

其次，想放纵自己的时候，不妨多骂骂自己。

当你发现自己在无限放纵的路上越走越远时，千万不要心软，自己要先多骂骂自己。

我有段时间刷微博刷得不能自拔，层出不穷的明星爆料、网友们搞笑的段子，以及大V们精彩的隔空打嘴仗，都让我欲罢不能。刷一刷一抬头，几个小时没了；再一刷，一天过去了。直到正事被耽误，险些闯了祸，我警告自己不能再放纵自己了。

但已经有心瘾，怎么办？我干脆站在镜子前指着自己骂：比你厉害的人都在争分夺秒地学习，你凭什么放纵？今年立的目标都完成了吗，好意思在这儿浪费时间？刷刷刷，就知道刷手机，能不能有点追求……

骂一顿后，我整个人确实老实多了，乖乖干活去了。

人呀，有时候不能太宠溺自己、太包容自己，让自己过得太舒服，多对自己说些刺耳的话，才是对自己真正的负责。

最后且最重要的是，陷入低谷时，拉自己一把。

陷入低谷，日子难熬，人也容易沉湎于沮丧和忧愁不得解脱。除非打算这辈子就这么过了，不然，该出手时就得出手，想办法自救，多拉自己一把。

我有一个朋友，因为创业失败陷入惨境，抑郁了一个多月。经历了各种痛不欲生后，他发现日子还得过，生活还得继续，总不能等别人来救自己吧，于是，他想法子救自己。

他的法子就是夜跑，一开始强迫自己跑，不管多么不愿意，至少“催眠”自己跑完 800 米。跑步这事，跑一次就有一次的作用，活动活动筋骨、出出汗、看看花和草、看看孩子和老人，还和很多人迎面一笑……再后来，朋友就跑上了瘾，一直坚持到如今。

你看，低谷再难再苦，若自己有心，还是有法子等着自己去尝试的。不要任由自己继续沉沦，多出手拉拉自己，过后你会感谢自己的。

记住，永远不要做自己人生的旁观者。这是你的人生，你得好好负起责任来。

尊重自己的感受，才不会活得拧巴

我在网上看到过一个故事。

有个大学女生，害怕自己跟同学关系处不好，总是会为别人做一些事情，久而久之，同学们也便不太客气，经常对她呼来唤去。

想与别人亲近，却又不情愿被人打破边界，所以每每遇到别人找她帮忙，她心里的两个“小人”就开始打架：左边的“小人”说，不就是帮室友代抄个笔记、带个饭、图书馆还一下书嘛，多大个事，忍一忍，你对别人好点，别人才会跟你玩；右边的“小人”说，烦死了，我是跑腿的吗？我是保姆吗？我非得维系这个朋友不可吗？

一顿拉扯过后，终是左边“小人”赢了右边“小人”，然后，女孩就继续给室友当保姆、当跑腿的……

有网友给她留言：看得出来，你活得很拧巴；现在和室友是这样，以后和同事呢？和恋人呢？你好像得了一种叫“讨好”的病，有病赶紧治。

看到这条留言，我想到一句话：求仁即得仁，求虐便得虐。

在室友眼里，她或许是温顺的、善解人意的，但关起门来，仔细一想，这不就是委屈自己成全别人吗？

心理学上有一种现象，叫迎合的投射性认同，是指一个人用自我牺牲或讨好的方式对待他人，并与之建立关系的一种相处模式。

陷入这种模式的人因为缺乏对自己价值的认同，很害怕别人不接受自己、不喜欢自己，所以就想办法做些什么从他人那里得到认同。

总之，他们需要在他人身上寻找自己缺失的存在价值，从而达到投射性认同的目的。所以，这个女生虽然内心很抗拒但还是会帮室友带饭、拿快递……

这些事情看起来很琐碎，似乎是举手之劳，但一件两件、十件二十件呢？一个月两个月、一年两年呢？时间越长、讨好越多，和别人的相处就越容易变成一种负担。

我的一位旧友跟这个女生的性格很相似，只不过她讨好的不是室友，而是男朋友。

每个月工资一到账，她先给男朋友买双新球鞋；陪男朋友看每一场足球赛；男朋友但凡表现出对她的哪个朋友印象不太好，她立刻和这个朋友断绝来往……

谈恋爱本该是高兴的事情，但她却不开心，或者假装很开心。我曾经调侃她，你这哪是谈恋爱，分明是还债报恩，她却惊讶地说："谈恋爱不就这样吗？要对别人好，别人才能对我好呀！"

这种低姿态的交往方式，往往与一个人的原生家庭环境息息相关。我这位旧友就是把她和父母相处的模式直接搬到恋爱中去了。

她从小在父母重男轻女的区别对待中长大，是一家四口中活得最卑微的那个。同样是出差带礼物，爸爸会给弟弟带最新上市的望远镜，但只带给她一袋面包；同样是过生日，爸爸妈妈永远都是做一桌子弟弟最爱吃的菜；同样是考到班级前十名，爸爸妈妈逢人都只夸耀弟弟聪明……

越是被父母忽略，越是渴望得到他们的肯定和夸赞。她慢慢形成了一种认知：我必须得先做一些让别人开心的事情，或者必须先照顾别人的需求，那么，我才会被重视、被疼爱。

于是，为了在父母面前刷存在感：她包揽了很多家务以显示自己勤快；她从不乱买东西、乱花钱，以显示自己懂事；她整个高中都拼命学习努力考上一所好大学，以显示自己优秀……

可她的无数次努力，都只换来了父母的口头禅：女孩子嘛，就是要勤快一点；女孩子嘛，花那么多钱干吗；女孩子嘛，再优秀将来还是要嫁人的……

慢慢地，她和父母相处的模式不断被强化，最后形成成年后迎合的投射性认同。再后来，就有了她和男朋友那种“拧巴”的相处模式：心里十万个不愿意，但只要对方能接纳我或者认为我是有用的，我便要去讨好对方。

朋友说得没错，谈恋爱是需要我对你好、你对我好，可是这里的“好”应该是两个人积极回应彼此，而不是一个人单方面、无原则地对对方“好”。

每个人都需要快乐，也需要被理解，没有谁愿意一直费尽心思地去讨好另一个人，主动久了总有累的那一天。

所以，对朋友而言，她在刻意打造一段恋爱关系，用一种迎合式地讨好去不断提醒男朋友来回馈自己，以此求得爱怜。如果对方没有及时回应，她会陷入下一轮的讨好中；如果对方享受这种讨好，那么，长此以往双方在情感中的关系就会严重失衡。

讨好别人，早已不是什么新鲜话题，在网上随便一搜，就会出现很多讨论：讨好型人格的人，到底活得累不累？为什么我越想讨好别人，却越被看不起？为了讨好喜欢的人，我都干过哪些蠢事？总是下意识地讨好别人，该如何改变这样的心态？

很多人是讨好别人不自知，但也有很多人是明知自己“生病了”却视而不见，眼睁睁看着自己继续“病下去”。

庆幸的是，我的那位旧友在经历了与男朋友和平分手后，决定不再逃避，开始直面自己的问题。

她调侃自己，虽然没了男朋友，但找到了“病根”：我不一定是喜欢前男友，只是喜欢他的肯定和表扬，但这些肯定和表扬恰恰是靠讨好得来的，这么刻意维持的关系注定不能长久。

那么多年，她一直以为她必须做些什么才是值得被爱的，后来，她慢慢地明白了：为什么非要等别人来爱我呢？哪怕没有人爱我，我也可以好好爱自己呀！

尊重自己的感受，是我们这一生必修的功课之一。

一个人的存在感、价值感，最终要靠内心的力量才能获得，无法从外界乞求半分。学着把自己和他人剥离，不过分让渡自己的边界，才不会活得那么累。

相比人们经常说，人生是一个不断成长的过程，我更愿意相信人生是一个不断试错的过程。在人际关系中，谁没做过一些违心的事情呢？但是正因为做过、错过、觉察过，而后再面对心灵的拉扯时，我们才更容易分辨出内心的声音。

每个人都有自己存在的价值和意义，但这不一定非得通过他人的

评价和反馈来实现。向外索求，相当于把对自己人生的掌控权交给了他人。这本是你自己的一生，为何要用来满足别人的意愿呢？

尊重自己的感受，选择自己热爱的，然后爱自己所选择的。别讨好、别将就，你值得遇见更好的人，也值得去实现更多更大的梦想。

不同的视角，就会有不同的世界

刚入职场的第一年，我看过一部电影叫《岁月神偷》。

很多情节我看过就忘掉了，但是对时间的残酷却印象深刻。好端端的一家四口，最后变成了三个人。那么好的罗爸、罗妈失去了大儿子，从此心里永远缺了一个洞，他们后半辈子都要带着这个洞生活，这该有多难过啊！再看小弟，他再也没了哥哥，以后听到别人喊哥哥时，他是不是会很难过呢？

那个时候我就在想，在时间面前，果然人人都在渡劫。生活的本质或许就是苦难吧！在过去很长一段时间里，这种感触一直在我的脑海里深深扎根，但如今回头看，才发觉我当时之所以看完电影会有这种感受，跟自己的心理投射有很大关系。

那时，我刚进职场，做着鸡毛蒜皮的客服工作，每天跟“牛鬼蛇神”的网购客户斗智斗勇，一边对这份工作不屑一顾，甚至充满愤恨，但另一边又不得不靠它谋生，还要想办法把它做得更好，所以整个人有一种极大的割裂感。

很多次上夜班时，我都会“自言自语”：三年前或者五年前的我，一定想不到几年后我会变成现在这个样子，一副曾经自己都瞧不上的样子。

当时，我并不知道其他同学都在经历什么，虽然每天日子照过、工作照干，但因为理想和现实的巨大落差，我总也想不通怎么一毕业世界就完全不一样了。我一个人在外地打拼，没朋友、没亲人，早班晚班倒着上，偶尔还被老板一顿批，但除了这份工作，自己又好像什么也干不了，城市很大但好像又跟我没有一丁点儿关系。都说心中有希望，看啥都是风景，可我当时心中皆是失落，觉得这哪是在工作，分明是在渡劫，看自己在渡劫，自然而然，看罗爸、罗妈、罗小弟也在渡劫。

那个时候，我还不知道自己中了“心理投射”的陷阱。这是我在接触心理学之后才理解的概念。

心理投射，是指一个人把自己的感情、情绪、态度等不经意间投放到外界其他对象的身上。投射的本意是像放映机一样，把胶片内容投射到空白的屏幕上去。很多时候，一个人意识不到自己在他人身上看到的“电影”，其实正是来自自己心里的“胶片”。人有七情六欲，所以这种投射不可避免，但它会遮蔽掉一些客观事实，让一个人对环境、对外界的认知受到干扰和破坏，通俗地说，就是过于“以己度人”或者过于“以己推人”，以至于出现“失真”的现象。

十多年后我重看这部电影，果然有了不一样的看法。之前，我一直对罗爸、罗妈和罗小弟抱以同情，以为他们失去至亲之人遭遇劫难一定痛苦万分，但不可否认，我单方面无限放大了他们的痛苦而忽略掉其他很多东西。

虽然大儿子罗进一离开了这个世界，但他永远住在了亲人心中，他没有被遗忘，相反，他的家人们一想起他，更多的是想起他的优秀、善良、乐观和勇敢，而这些又让他们心中常怀感动和希望，进而更有勇气去面对未来人生路上的诸多困顿。他们并不会永远停留在失去亲人的那一刻，而是带着纪念的力量继续面对往后的生活。

这就像我如今再回头看刚入职的那段岁月，虽然是小公司，工资也低，但正是这样一段日子助我完成了从“学生”到“职场打工人”的过渡和蜕变。

职场上，没有老师在前面带路，也没有室友的陪伴和开导，往后的路就是要靠自己一步步走，要学会独自消化委屈、不断调节心态，遇到沟沟坎坎必须学会直面、得去战斗。

是的，那份工作和理想相差甚远，但它让我推开了新世界的大门，见识到了这个世界真实而残酷的样子，更重要的是，这不止是我独有的经历，几乎是所有初入职场的小白都要过的一道坎儿。

这么看下来，它不是渡劫，而是一种积累。

一个人在成长过程中，会出现很多次这样或者那样的“心理投射”。

比如，很多人经常觉得别人的想法应该跟自己相像：自己喜欢逛街，就大概率认定别人也喜欢逛街，所以当遇到不喜欢逛街的人时就会觉得很奇怪，甚至难以理解；经常撒谎的人，在和别人打交道时也总会认定别人在不停撒谎……

再如，当有人遇到一个拥有和自己同款手办的人，就觉得他的性格爱好一定跟自己是相似的，以至于在后来的相处中，就对他预设了很多和自己相似的行为和选择，时间长了发生分歧后，才发现那不过是自己无数次的心理投射罢了。

有一个经典的“疑邻盗斧”的故事。一个人怀疑邻居偷了自家斧头，所以往后他看邻居的一举一动越看越像小偷，但最后才发现，自家的斧头根本就没丢。这就是一种典型的心理投射。

不能说这种心理投射一定是无意义的，因为至少这让很多人借助外界得以“暴露”了自己的真实想法，但投射越严重，失真就越严重，慢慢就会造成一个人对周遭世界的认知障碍。

人跟人之间，看起来都在忙忙碌碌，过着差不太多的日子，但毕竟成长环境不同、人生经历不同，所以哪怕对于同一件事情，想法和选择自然会有巨大差异。如果一个人总是以自己的想法过度“推己及人”，那是很荒谬的，要试着跳出自己的固有思维，多切换到他人的视角，借助他人的眼睛去发现另一个不一样的世界。

一个人的认知会随着时间慢慢改变和完善，但在这个过程中，无论如何，不能把自己的视角和他人的视角画等号，相反，一定要把自己的视角和他人的视角做切割。

世界这么大，每个人都只能看到它其中有限的一面或几面，所以想要避开“心理投射”的陷阱，遇到任何事或任何人都不要想当然，更不要一上来就认为自己这么想，别人肯定也会这么想。

多拓展视野，多换位思考，最终用多元的、包容的、和光同尘的态度去见识这个世界的无限奇妙。

让自己更优秀的十条法则

提起优秀，不只是我一个人，似乎很多人都觉得它被用烂了。而滥用的后果就是，当它再被提及时，很多人已全然没了期待，甚至还会发出一句嫌弃：不就那么回事吗？

嫌弃归嫌弃，关起门来，有谁不渴望优秀两个字落到自己身上呢？毕竟优秀的人，时刻散发着让人无法抗拒的人格魅力。

只是，优秀从来都不是从天而降的，更不是等来的，而是做出来的、沉淀出来的。

记住这 10 条，你也可以越变越优秀。

1. 情绪爆炸时管住嘴

情绪爆炸时，哪怕再愤怒、再痛苦，也要管住自己的嘴。因为你永远意料不到，自己在情绪失控时会说出多么伤人或者事后令自己多么后悔的话。

情绪可以像一阵风，吹过了就没了，但别忘了说者无心，听者有意。那些冲动之时爆出的过激言语就像一根根刺深深扎在了他人，甚至至亲之人的心里。说出口的话就像泼出去的水，难以收回，越是情绪失控，越要管住自己的嘴。如果被情绪牵着鼻子走，你会做出很多让自己后悔的事情。

没有人会一直处在情绪爆发的巅峰，情绪会来，也会走。接纳它的存在，与它和平共处，你才能做出更加成熟和理智的决定。

2. 不要太把自己当回事

无论取得多大的成就，都要记得“人外有人，山外有山”，千万不要太把自己当回事。

当一个人总是高看自己、看轻别人时，那他一定是开始飘了，飘得越高，到头来就会摔得越惨。人在高处时，很容易对自身的处境产生乐观的判断，而对暗藏的隐患掉以轻心。

越是自我感觉良好时，越要搞清楚自己的位置和身份，毕竟人一膨胀，进步就停止了。如若变得目中无人、嚣张跋扈，那更是离毁灭不远了。

时刻对自己保持清醒的认知，别太把自己当回事，是一个人最基本的自律。

3. 做人不能太算计

都说“机关算尽太聪明，反误了卿卿性命”。爱算计的人是可怕的。一个人若是太会算计，那在他眼里便是人人皆可算计，亲人可算计、爱人可算计、朋友亦可算计，其他人就更不在话下了。

一个人有多会算计，他就在“讨人嫌”的路上走得有多远。得了更大的好处，也注定会失去更多的真心，辜负的人多了之后，自己的路就彻底走窄了。

古人说：“得道多助，失道寡助。”有人愿意在你困难的时候伸出援手，有人愿意在你需要机会的时候提携一把，这些福气都是要靠个人品德慢慢“修”出来的。

做人，坦荡些、真诚些，才配得上优秀两个字。

4. 不要丢掉好奇心

有朋友曾跟我说，一个人长大的过程，就是好奇心逐渐流失的过程，我想了想，竟无可辩驳。

想想，18 岁时，我们对这个世界是多么的好奇，再想想 38 岁时，我们对这个世界的认知似乎越来越套路化。

世界是立体的、多维的、变幻莫测的，一个人如果没了好奇心就没了探索世界的动力，那又怎么会有打破套路式生活的勇气？

年龄可以增长，心智可以成熟，但永远不要丢掉好奇心。揣着好奇心看世界，才能发现人生的鲜活和魅力，才会在不断发现新世界的过程中遇到更多样的自己。

人生说长不长，说短不短，若几十年都维持同样的生活模式，这一生难免会显得乏味。开启不一样的尝试，生活才能翻开不一样的页面。

5. 对自己的行为负责

优秀的另一个代名词叫“靠谱”，而检验一个人靠不靠谱，就是看他能否对自己的行为承担责任。

相对犯错，负责任是一件更需要勇气且可能需要做出牺牲的事情。推卸责任、粉饰错误也许能快速将自己“摘干净”，但同时也会暴露自己的毫无担当。

没有谁能一直替一个犯错的人善后，也没有谁会一直喜欢和推卸责任的人打交道。学会承担责任，不止是一种美德，更是一项强大的竞争能力。

有此能力，一个人才有机会得到更多的尊重和赏识、配得上拥有更大的成就。

6. 不因别人乱了自己的节奏

“桃三杏四梨五年，枣树当年就换钱。”同样都是挂果，桃树需三年，杏树需四年，梨树至少要五年，而枣树当年就能结果。

不同的果树，各有各的挂果周期，有早有晚再正常不过，果树如此，人亦如此。

人和人的起点、经历都不尽相同，没必要强迫自己必须和别人保持同步，领先别人也好，落后他人也罢，这都在情理之中。

什么时候结婚、什么时候升职、什么时候做出成绩，这些都没有标准答案。人人都在自己的道路上行走，也都有不同的方向。

不要因别人乱了自己的节奏，心无旁骛地奔向自己的目标，才是明智之举。

7. 保持独立思考

遇事不假思索、直接照搬别人、盲从别人，不只是懒，更是蠢。想想有多少人，在用别人的脑子给自己的人生做选择？

如今社会，信息越海量、人心越浮躁，一个人才越要保持独立思考。脑子从来都是越用越灵活，遇事多问几个为什么，总能找出自己想要的答案。

用别人的脑子，当时觉得有多省事，终有一天就会发现自己有多可笑。保持独立思考的习惯，这一生才能真正活得明白。

8. 多靠近比自己厉害的人

想变得优秀，有个更快的办法就是多靠近比自己厉害的人。

人与人交往，很难逃过“近朱者赤，近墨者黑”的真理，遇到比自己厉害的人，不用自卑，更不要刻意敬而远之，试着多向他们靠近。

正所谓见贤思齐，受到挫折想放弃时、顾影自怜想“躺平”时，近距离地多被他们熏陶、多被他们激励，优秀虽迟但总会到。

更重要的是，如果你认真去了解他们，你会发现，那些厉害的人也不是一天就变得很厉害的，他们在通往优秀的道路上也历经了千辛万苦。看到别人成绩背后的付出，你便有了更开阔的心态。

9. 不要停止学习

在校园时从书本中多学习，进入社会后多跟前辈取经，学习形式不重要，重要的是谨记学海无涯，不要停下学习的脚步。

不得不承认，人这一辈子可学的知识太多了，想要拥有的智慧又上不封顶，所以学习从来没有够了这一说。

最怕一个人觉得自己学有所成、毫无瑕疵，从此带着残缺而又肤浅的认知走过后半辈子。要知道，短短十几年的课本知识，远不能让人过好这一生。

活到老，学到老，从来都不应该是一句矫情话，而应变成刻到骨子里的好习惯。

10. 做一个长期主义者

社会发展迅速，会导致许多人心浮气躁。目光短浅的人，往往会因太贪恋眼前的好处而杀鸡取卵，最终失去了更长远的利益。

学会做一个长期主义者，抵制住眼前的诱惑，把目光放得长远些、再长远些。当一个人首先看得够长远，才有机会脱颖而出，最终以优秀示众。

成长的路程没有终点，最终能跑多远，并不取决于你在某一段时间里的快慢，而是取决于你在一条赛道上能坚持多长时间。

PART 3

成长篇

（本篇作者：陈小木）

人生难免有糟糕的时候，但没有糟糕的人生。

勇敢，不是不难过、不害怕，而是相信：难是难，终会过。

已发生的就接纳，改变不了的就放下，那些走岔了的路最终还是会绕回正确的方向。

人生于世，难免会遭遇各种危机，更多时候注定自己要单枪匹马，独自迎接生活的碾压，咽下其中的酸甜苦辣。

没有从不失误的人生

我的主业是写文案，写商业稿之余，也发展副业：写一些随笔和新媒体文去投稿，偶有发表。大概是主副业互补的缘故，业余写稿时，我的思路比较开阔，各种案例信手拈来，而写起商业稿来，通过借鉴新媒体文的逻辑和热点思维，让我更加得心应手。

这让我对工作安排更加有信心，直到有一天遭遇了一个小意外。

那是一个很平常的下午，领导通知我写一篇文案做样稿。原来，我所在单位一直合作的老客户出了一款新品，需要出宣传稿，客户点名要求经验丰富、最能体现公司撰写水平的编辑来写。

领导把这个任务交给了我，寄予厚望。我也格外慎重，查阅了很多资料，自认为写得逻辑严密、花团锦簇、万无一失了才交上去。没想到，稿件很快被客户打回来，给出的原因是："我们新品的一些数据更新了，但编辑还是采用的原来数据，这很不严谨。"

这次事故，不仅连累部门错失参与新项目宣传的机会，还影响到公司与客户的后续合作。我被领导狠狠批评的时候，还觉得格外委屈，不就是一些数据没核对好吗？客户也太小题大做了！

后来我才知道，那次客户指出的数据，是他们技术部门经过无数次试验才得到的优化和进步，在市场中具有独树一帜的竞争力，也是区分竞争产品的显著标志，为此客户曾再三提醒："千万别弄错了！"如此重要的细节，却因我的粗心大意被忽略掉，难怪客户生气。

可能是知道得越多，自责得也越厉害。我因为这件事消沉了很久，接下来很长一段时间心情都极差，不断责备自己怎么能把事情搞砸，还给公司造成了不小的损失。再接文案撰写的时候，我会不自觉地想到那次失误，变得畏首畏尾。

这样的状态不知道持续了多久，直到发现领导已经很久不把重要文案交给我负责时，我才觉得自己该做出改变。我开始正视自己粗心的缺点，写之前一遍遍核对，交稿之前再三检查，不仅要写对，也要写好、写出彩，以更高的标准自我要求。

哪怕后来依然也会有些小瑕疵，但我不再沉湎在过去的失误中无法自拔了。

大概很多人都曾有和我类似的经历：明明能做到的事，之前也完成得很好，却因为一个无意间的失误而怀疑自己，甚至连过往成绩也被全盘否定。

自我否定和逃避，是很多人遇到挫折后的第一反应。学生时期，偶尔一次成绩下滑，就否定自己，觉得自己不行，放弃学习，导致成绩越来越差，与理想的学校失之交臂；工作后因为一次失误，就怀疑自己的能力，是不是不适合这份工作？干什么都不长久，干什么都以失败告终，抱怨运气不好，把失败归结于这样或那样的原因，导致自己一直在原地踏步，甚至倒退。

难以正视问题的根本，或者把问题归结于外因：都是别人的错，环境、条件不好导致的。趋吉避凶本是人的本能，但如果因为已经成为过去的失误不敢正视自我而选择躲避，问题并不能得到解决，下回遇到还是会在同样的地方栽倒。

不思改变，不去提高解决问题的能力，只会越拖越严重，直到某一天成为阻碍成长的禁区和不能触碰的禁忌。

其实，失误是很正常的事，关键是怎么去面对。一味纠结抱怨，只会让自己陷入自卑或不甘。相反，认识到自己的不足，去纠正、补齐，才能更好地获得成长。

所谓“人生无完满，缺憾亦是美”。人生有失误，才有反思、总结，才有后来的经验积累，从而遇见更好的自己。

成长就是一个不断试错的过程，难得的是能正视自己的缺点，并以更大的毅力慢慢纠正过来，如此才会柳暗花明迎来新的机会。

我曾在《终身成长》这本书里看到过两个很有启发意义的概念——“成长型思维模式”和“固定型思维模式”。拥有成长型思维模式的人认为，挫折可以给人动力；而拥有固定型思维模式的人在面对挫折时往往会给自己贴上“我不行”“我做不到”等标签。

在成长型思维模式中，人们即使身处不完美，也敢于正视自己的缺点，这不是为了找理由堕落，更不是去逃避问题，而是为了改进自己，去找到问题症结所在，进而解决问题。

有正视缺憾的通透，有改变自我的决心，才有更多底气驭风踏浪。

我曾听朋友说过一件往事。多年前，他学习画画刚闯出一点名气，接到一份重要订单，熬了几天画好设计草图，客户看了也很满意。没想到在报价环节，因为一个小小的失误错失订单，在业内的口碑也大打折扣。

这次的失败让他前期的其他投入打了水漂，刚刚有起色的事业也因此夭折。赋闲在家的他，时常怨天尤人，抱怨甲方没有眼光、自己运气不好、同行排挤、搭档不配合……总之，除了自己，全是导致他失败的原因。

迫于生计，后来的他送过外卖、进过工地，也打过零工。在社会这所“成人大学”，他逐渐被磨平棱角，也渐渐明白，一味地抱怨只会让事情更加不顺，难上加难，而承认自己的一时失败并不是很丢人的事。

工作之余，他重拾画笔，潜心学习，每天都会画下大量素描磨炼画技。慢慢地，他的画作开始有了自己的风格，也有了粉丝的认可，部分画作还被拍卖、收藏。多年后，他有了自己的画室，为创作打开了更自由的空间。如果当年他沉湎在过去的失败中继续自暴自弃，怎么还会有后来的改变？

正视失误，懂得反思自己，才能彻底摆脱过去的纠缠，轻装前行。

接纳，并不是“躺平”或者忘记，而是以豁达之心认识到自己的不足，以归零心态积蓄重新开始的勇气。

人生说长不长，说短不短，要相信，偶尔的失误总会翻篇，眼下的挫折终会过去。没有从不失误的人生，因为每个人都不可能预见未来，过去的已经过去，过度纠缠并无意义；只有不与自己较劲的成熟，放下偏见，看清自己，内修外炼，才能在一次次的锤炼中破茧成蝶。与其在过去的失误中自责，不如直面未来，从现在开始改变。

接纳自己，是生活智慧，更是人生勇气。

不用那么焦虑，每个人都有自己的花期

有一年夏天，我报名参加头条官方举办的写作培训营，主要讲解收稿标准和原创要点，以规避发稿盲区，避免踩雷。

过了一段时间，大部分同学顺利拿到原创认证，进入更高级别的班级，而我还在新手训练营反复练习。看到同学们纷纷晒出原创标签开始冲击“青云奖”，我在羡慕之余，对自己的“慢半拍”感到失望又焦虑。

那段时间，我经常在忙完一天的工作之后再接着写训练营安排的写作任务，争取早日通关拿到原创认证。可惜的是，直到训练营结束，我也没有通过原创认证。后来我又继续报名学习了一期，才卡着结营的尾巴收到原创认证。

我这个人很宅、很无趣，可以一个星期不下楼，也没有什么兴趣，唯独对码字有一种特别的喜爱。一有空闲时间，我就想打开电脑文档记录点什么。尽管如此，我的成绩也很有限，也许是天分有限吧。同期写作者，甚至后来者，都陆续成了圈内大牛，我还在像蜗牛一样慢腾腾地往前走。曾有朋友开玩笑：“你怎么写了几年还默默无闻？”

那时候，我自己也很着急。从小，我就不是特别聪明的那一类孩子。小伙伴们在大一点儿的孩子的指导下练习翻跟斗、游泳，很快就会了，我却怎么也找不到其中的诀窍。

上中学后，我开始接触英语，在别的同学已经熟练掌握拼读要点并举一反三时，我还在用谐音法笨拙地一个个死记硬背。

后来，我去了工厂打工，一同进厂的工友逐渐摆脱小白标签，尝试着手脚并用去踩针车，缝线又标准又整齐，而我总是手脚不协调，把针线和鞋材缝成一团乱麻。

但那又如何？这些年的时光教会了我一件事，那就是拿出足够的耐心和这些拦路虎耗：不会的，就一次次去学习，直到某一天突然摸到窍门；不熟的，就一遍遍练习到熟能生巧。别人有别人的长处，我有我的节奏。

就像那次参加训练营，在最初的焦虑过后，我开始摆正心态，不去关注别人的成绩，而是和过去的自己比。第一期我虽然没拿到原创认证，但是掌握了学习要点。在第二期的时候，我开始根据平台的要求有针对性地打磨稿子，再上交作业发布。交的作业一次比一次更有把握，最终顺利过关。

在写作这件事上，我这几年断断续续写了不少，虽然没写出什么大的成绩，但收获也不小。陆续有文章发表在报纸、杂志以及新媒体平台上，除收获了不少粉丝外，还结交到一些志同道合的朋友。更重要的是，我还在写，不曾停步。

所以你看，每个人都有自己的花期，或早或晚而已。

巴尔扎克曾说过：“人的全部本领不过是耐心和时间的混合物。”

生活从来不会一帆风顺，自怨自艾于事无补，多点耐心，少点急功近利，落后只是暂时的，心平气和地以适合自己的节奏走下去，耐心等待转机，迟早会抵达目的地。

古人很早就总结出经验：慢工出细活。成功缺的不是方法，而是耐心带来的大量积累。经得住漫长的忍耐，才能厚积薄发。

反之，不耐烦，暴露的是情绪控制能力不足，甚至急功近利，做起事来自然容易急躁和半途而废。

我曾看过一次演讲，演讲者以前是魔术师。她学习的一种魔术，需要训练鸽子耐心地在衣服里等待。那时候，她还年轻，总是迫不及待地让它们现身，因此经常失败。

老师告诉她，这个魔术成功的秘密就在于，让鸽子耐心等待后再华丽现身，才能收到出其不意的震撼效果。

这是一种有意识的耐心，需要长年累月的培养。她渐渐地明白，耐心，不是站在原地等待，而是明白等待时如何有所行动。

在快节奏时代，节奏缓慢几乎被定义为罪过：学习进度慢一点，似乎就要被同龄人抛弃；工作十年了，别人早已功成名就，而自己还在基层打转；有了孩子后，看到别家孩子在学习钢琴、舞蹈时一点就通，自家孩子还是如顽石一般不开窍，想想他的未来就慌张……

人生，似乎被各种定义，到了什么时间，就该到达什么样的地位和境界，反之就是失败。可是，人不是流水线上生产出来的产品，每个人都有自己的成长节奏。如何在耐心等待的同时付出行动，才是通往成功的关键。

进度慢一点又何妨？耐心把基础打好，人生最不济也不过是大器晚成。齐白石60岁后方修成正果，他的老师“清末海派四大家”之一的吴昌硕，得名更晚。吴昌硕自幼好石，10余岁开始刻印，40多岁学习画画，仕途落魄，有“酸寒尉”之称。但多年刻印修炼让他的腕力、审美不同于常人，为日后的艺术造诣奠定了基础。65岁，他画的画开始自成一派，创造了中国画新的审美意境，成为“文人画最后的高峰”。

那些有耐心、有决心的人，更容易摈弃杂念走好每一步，向着目标一往无前。面对生活中的种种挑战，也有足够从容的心态去一一化解。

《被讨厌的勇气》一书中曾提到阿德勒哲学，认为“在同一个平面上既有人走在前面又有人走在后面”。

人生不是与他人的比赛，与其只求超越他人，不如多点耐心与过去的自己比。为此，阿德勒曾提出观念：“追求优越性。”这里的追求优越，不是和别人事事比较，而是自己不断朝前迈进。也就是说，成长不是来自与别人的比较，而是来自与“理想的自己”的比较。

从没有一步登天的捷径，只有耐心打好基础的脚踏实地。进一寸有一寸的欢喜，不浮躁，不焦虑，在等待中闭关修炼，沉稳练达，静待时机。

耐心是一种心态，也是一种能力。在酱酒行业，有个说法叫“九蒸九煮”。酱酒酿制工序繁杂，光是蒸煮步骤就需要经历九回。之后再下酒窖储藏，在漫长的岁月长河中，用时间、微生物去发酵、沉淀，循环回香，慢慢赋予原酒黄金色泽、丰富口感，最终成为酱香美酒。

农人侍弄庄稼也是如此，从整地、播种、施肥、锄草，到接受阳光雨露日复一日的滋润，从生根发芽到枝繁叶茂，最终收获稻穗累累、果实甘美。要想丰收，缺少哪一环都不可。

做人更是如此，不放弃努力和追求，用心经营生活，耐心打磨自己，直到术业有专攻。

那些在漫长的蛰伏中充实自我、耐心等待机会的人，才能忍到黑夜退散，熬过漫长寒冬，迎来春暖花开。

如果你现在也在低谷，耐心点，你想要的正在赶来的路上。

今天走的每一步，都在为未来铺路

有一次，女儿放学回来，手里举着一盒威化饼干，献宝一样让我吃。我拿起一看，是她平时爱吃的草莓味，纳闷“哪儿来的饼干”。

答曰，前段时间给班上画活动画报，老师奖励的。

不知道是不是错觉，这盒饼干似乎特别好吃，第二天我的舌尖还能回味到草莓的香和饼干的脆。

女儿从小就喜欢画画，经常对着纸和墙一画就是半天，可我偏想让她去学舞蹈，弥补自己小时候想学又没能学成的遗憾。她拗不过我，就等下课回来后再拿起心爱的画笔去涂涂抹抹。

起初，她画得就跟鬼画符一样，根本看不出来是什么，到后来却是越画越像样，老母亲的心也是欢喜和雀跃的。慢慢地，她开始从学校带回超大画纸，说要设计画报。有读书活动、亲子活动、六一节日等各种主题画报，画得还挺好看的。

如果不是之前那么多年的喜欢和坚持让老师发现了她的才能，估计现在女儿也不能接连揽下画画报的“重任”。我也开始反省自己的做法，在慎重询问她的想法之后，给她报了一个美术班，能有名师指导，系统地练习技巧，也算圆了她学习画画的梦。

像她这样，因为坚持而在后来因此受益的，让我想起前同事夏先生的故事。

夏先生对互联网特别着迷，网络购物刚刚兴起，周围人还对此持怀疑态度的时候，他已经靠互联网挖到了第一桶金。

后来网络游戏盛行，他发现了其中的商机，便拿出多年积蓄购置了一批电脑和游戏设备准备大干一场，由于设备消耗量大，一个月仅电费就高达四五千元。遗憾的是，后来封号严重，加上竞争激烈，日常收益渐渐入不敷出。

正巧，此时村里小伙伴邀请他一起合伙做织带厂，考虑到他对互联网比较熟悉，商量由他负责网上业务这块。正好他也想稳定下来踏踏实实做份事业，于是一拍即合。

他在淘宝注册了店铺，学着怎么去运营和推广。夏先生曾说，原以为做实业会很难，没想到之前接触互联网学到的东西全派上了用场，不仅很快上手，让运营的店铺走上正轨，还给织带厂的新产品打开了销路。

生活中，总有一些坚持，可能在当时看来毫无意义，但最后都会以另外一种价值发挥在某个需要的时刻，可能这也是坚持的意义所在吧。我们所要做的，就是坚持走下去，不停歇，莫回头。何况，在坚持的过程中，做着自己喜欢的事，本身也是一种享受。

成长，就是一个不断走上坡路的过程，有点累、有点苦，但都是人生中宝贵的财富。要相信，今天走的每一步，都在为未来铺路。

中国文字博大精深，蕴含着老祖宗总结下来的深刻智慧。比如，这个“海”字，拆开来看，意思就是：大海来自每一滴水。

荀子也曾说：“不积小流，无以成江海。”那些细小的努力，如早起半小时，跑步十分钟，背诵三个单词……看似微小，但若乘以时间，汇聚起来，就是一个巨大的能量圈。正是这些细碎的坚持，让我们一步步接近更好的自己。而人与人之间的差距，也正是在这些一点一滴中逐渐拉开的。

初三毕业后，我因病辍学在家，百无聊赖之际，偶然看到一本故事书，被书里文字所描述出来的奇幻瑰丽的武侠世界吸引，从此一发不可收，迷上了看书。

家里的书看完了，我或借，或租，或买，到处找书看。那时候的我对文字痴迷到什么地步呢？看到一片印着字的说明书都要拿起来阅读一番。

还记得，在一个电闪雷鸣的雨夜，我借着烛光心惊胆战地读完了《福尔摩斯探案集》，为里面扑朔迷离的案情、抽丝剥茧的推理、对人心洞若观火的福尔摩斯神魂颠倒。至于《红楼梦》《水浒全传》等古典文学，我是一边翻着字典给生字注上拼音一边磕磕绊绊读完的。

那时候，我从没想过要当作家，更想不到在多年后会以码字谋生。只是一本接一本地读着，沉浸在文字的海洋里，有时甚至不求理解只求速读。

现在想来，那是我目前有限人生中唯一大量看书的时期，大部分国内外名著都是在那个阶段阅读的，为现在的写作打下了扎实基础。

正所谓“人生没有白走的路，每一步都算数”。那些曾咬牙付出过的汗水和努力，都会在未来的某一天成为岁月奖赏给你的礼物。

网上有个很火的街头采访：你坚持最久的事情是什么？

被采访的人各种答案都有：每月一次归纳汇总，从课堂之外学到技能；每天早起早睡，皮肤和身体状态越来越好；喜欢跑步、配音、跳舞，减轻压力、放松自己；坚持兼职，证明自己的价值，也减轻了家庭负担……

这些答案都有一个共同点，那就是奇迹，属于普通人所创造的奇迹，以及通过这份坚持，为生活带来的积极改变。

作家格拉德威尔在《异类》中曾提出“一万小时定律”：喜欢一件事，并持续去做，只要坚持一万小时，基本上可以达到专家级水平。他认为，“人们眼中的天才之所以卓越非凡，并非天资超人一等，而是付出了持续不断的努力”。

对普通人来说，做到这一点可能很难，因为眼下所做的事暂时看不到成果，而导致很难坚持下去：跑步一天，甚至一个月，可能体重也没有一点变化；读了一本、两本书，并不能马上达到胸藏锦绣、出口成章的地步；记住了几个、几十个单词，远不够看完一整部英文电影……

但，水滴石穿，绳锯木断，把坚持的时间再延长一点试试呢？

日积月累的坚持，是一股庞大的力量。坚持在于锻炼意志和精神，不断克服困难，让人看清目标和希望，变得更加自律。

大自然中有个有趣的现象，竹笋在泥土里用4年时间才长出3厘米，4年之后才破土而出，然后以平均每天30厘米的速度疯狂生长，一个多月就能长到15米！

你看，当下做的事情如果还没有看到成果，那是因为在往下扎根打基础。在这个过程中，为此流下的每一滴汗，走过的每一步，都不会被浪费，都有其存在的意义，这也是深蹲加速前必要的储备。

放弃很容易，但只能一无所得；坚持很难，但终会有所收获。

成功的路上，没有坐享其成的幸运儿，只有不轻言放弃的孤勇者。

可以悲伤，但别悲观

一个星期六的晚上，我去附近烧烤店吃饭。这家烧烤店有一样特色叫“草帽面”，做得很好吃，面条劲道，臊子喷香，是本地有名的小吃。很多来吃饭的食客都会点一份草帽面，就着烤串、啤酒消磨时光。

大概是周末的缘故，进店来的食客不少，在一片欢声笑语中，有一个人分外显眼。

他穿着风衣皮鞋，提着手提包，和他的体面装扮格格不入的是，他满面疲惫，步伐沉重，脸上的褶皱还藏了不少下班途中沾上的灰尘。他似乎还没有吃晚饭，而当时已经八九点了。

坐下后，他只点了一碗草帽面，在等待的时刻接了一个电话，只见他顷刻间从呆板变得笑容满面，“喂，妈，嗯……挺好的……”旁边几个人都不忍看，因为他笑得比哭还难看。

草帽面上来了，他抽出一张纸巾擤了擤鼻子就埋头吃起来。似乎被碗里的麦香和肉香激活，尽管他眼里还有些碎碎的泪光在闪动，但明显可以发现他整个人已经“活”过来了。

那一刻，坐在他附近的人都沉默了，大概是因为在他身上看到了许多人的影子，也包括自己曾经历过的一些黑暗时刻。

就像我自己，曾无数次加班到深夜，被客户刁难，但回到自己的小窝，还是会花上几分钟，给自己煮碗加葱花的西红柿鸡蛋面。在热气腾腾里，重新燃起对抗压力的勇气，以及对第二天生活的期待。

我也曾听朋友讲过他的一次求职经历。草根出身的他一路过关斩将，最后却因缺少一份学历证明被刷下来。他若无其事地离开，却在接到家人电话的那一刻“破防”，含着满眶眼泪回去睡了一天一夜。

第二天起来，他似乎忘了那次失败，准备好简历又精神抖擞地出了门。

大概很多人都曾有过这样的时刻，因为这样或那样的原因，整个人陷入谷底，还要强装笑脸，自我安慰“下一刻会好起来的”。就这样一边打气一边前进，慢慢地走出迷雾，迎来暖阳。

回过头去看，那段在黑暗中一个人摸索的日子，原来是成长蜕变所留下的勋章。

在成年人的字典里写着“可以悲伤，但别悲观”。生活中可能有很多困难和暴击，但别忘了好好对待自己，以乐观、豁达去寻找另一扇窗。

有年夏天，我去一个写作培训班学习，结识了一位师兄。他擅长写新闻稿，能言善道，长得也一表人才，美中不足的是，他两袖空空。大概因缺失双臂影响到平衡力的缘故，走路也有点重心不稳。

学习期间，他的自理能力让我们大为惊讶。同学们本想照顾他，没想到反而享受到他提供的便利，着实惊讶不已。熟悉以后才得知，他小时候因为贪玩，不小心在高压线附近触电，导致双臂截肢。出院后，他开始尝试锻炼生活技能。光锻炼吃饭就用了很长时间，吃饭时拿不稳筷子，饭粒和菜汤撒得到处都是。

家里人觉得能捡回一条小命，已经很幸运了，纷纷劝他认清现实不要再折腾。他也哭过、闹过，但并不觉得自己就命该如此，这些年来，他不仅掌握了生活技能，还自学法律，拿到心仪的学校录取通知，更以法律为武器，向法院起诉触电事故，索赔人身伤残赔偿，为自己讨回公道。

生活给了他重击，但他用乐观的心态完成了漂亮的反击。

心理学家阿尔弗雷德·阿德勒说过："我们的烦恼和痛苦都不是因为事情本身，而是因为我们加在这些事情上的观念。"

生活不可能事事如意，就像我们无法预知明天又有什么风雨。如果沉溺于悲观，只会让人陷入过去，举步维艰，而乐观的人才能轻装上阵洒脱前行。

糟糕的是事，绝不应是人。越是沮丧和逃避，越容易沉沦。不如以强大的内心世界，容纳不顺，认清现实，拒绝逆来顺受和束手无策，去对抗生活的难题。毕竟，只有不停地走下去，才有更多选择。

要坚信，人生难免有糟糕的时候，但没有糟糕的人生。

人们常说，你有什么样的心态就有什么样的人生。这是因为，心态对思维、学习力和行为方式都有着较大影响。

心态研究的先锋者卡罗尔·迪纳和卡罗尔·德韦克曾有这样一个研究项目，调查心态如何影响人们对失败的反应。他们发现，拥有积极心态的人更乐于深入问题核心，保持自信和乐观的态度。

生活有好也有坏，喜悦过、伤心过，痛失过、也得到过，只要最后还是笑着，又有何妨？一个人以乐观的心态去感知生活，最先感受到的便是甜，看到的也是好的一面。

一个人的感知方式，决定了他感受的结果是苦还是甜，事情本身如何反而是其次。开朗愉悦的精神面貌更容易带来幸福感的秘诀也在于此。接纳悲伤，以乐观心态自我拓宽，是很正能量的事情。

人生很多事，已经过去的无法改变，但可以选择以什么样的态度去面对。就像“危机”这个词，悲观者看到的是危险，乐观者看到的则是机会。

悲伤和悲观，往往只差了一个转折。悲伤，是因为有负面情绪需要倾泻。悲观，是因为没有调整好心理状态去解决问题。

心理学家认为，坏情绪源于视觉单一。乐观的人，具备多角度看问题的能力，在逆境中磨炼意志，用积极的心态做自己喜欢的事情，创造价值。相当于拥有了克服障碍、勇往直前的有力武器，路自然会越走越宽。

如此，才有“仰天大笑出门去”的开阔，“千磨万击还坚劲”的韧性，“越是艰险越向前”的品格，“长风破浪会有时”的自信，以及“春种一粒粟，秋收万颗子”的收获。

乐见努力后的得失

只有初中学历的我踏入社会后一直想继续完成学业，打算去自考但又不清楚具体流程。听说朋友之前有报名自考会计，于是找她打听消息。

朋友自学好几年了，我原以为她早已拿到毕业证，没想到她还卡在中间，每年都要辛苦备考。每天忙完本职工作还要学习，连周末节假日也放弃休息，把空闲时间全用在听课、背资料、刷题上。为此，她老公没少抱怨她。即使她如此废寝忘食，有时候还考不过。而学校规定的课程没考完，毕业自然也不知何年何月。

我大为惊讶，花费这么多时间和精力，而且听说每次报考还需要交费，却迟迟得不到想要的结果，到底值不值得？

她说自己也想过打退堂鼓，有这时间和金钱，逛街、看电影，或者陪陪孩子，生活岂不是滋润很多？但梳理这几年的变化，她发现不知道从什么时候开始，工作和生活悄悄变得不一样了。

工作上，她处理起任务来更加得心应手，逐渐被领导委以重任。生活上，以前监督孩子作业又累又气人，孩子还不领情，现在孩子看到她在学习，自己也会自觉投入学习中。更重要的是，家庭氛围也有了很大转变：以前闲下来，大家不是刷短视频就是打牌、玩游戏，现在看书的、写作业的、上课的，很有学习氛围。

她说自己一开始是奔着那张毕业证去的，但学习过程中学到实实在在的东西，并给家人带来好的示范，就已经很值得了。

是啊，人生难得的是明白什么该握紧，知道什么该放下。努力后能够坦然接受不好的一面，是一种乐观，也是一种成熟。

就像我的朋友，把握这段学习的机会，养成自律的习惯，珍惜和家人共同进步的时光，何尝不是另一种收获？何况她的自学之旅并不是完全没有希望，考试总有一天能全部考完，拿到毕业证是迟早的事。

对成年人来说，以清醒的状态管理好情绪，这样才不会把得失看得太重。人生十有八九不如意，只要努力过、尽心过，不必执着于结果。

有一往无前的勇气，也有放得下的智慧和胸怀。

大概很多人都曾有类似的体验吧，备考了很久成绩却不理想，考研多年还是没能上岸，工作了几年也没能升职加薪，和恋人相处多年却没能走进婚姻的殿堂……

付出了很多，却总得不到苦苦追求的结果。

丰子恺在《豁然开朗》中写道："既然无处可逃，不如喜悦。既然没有净土，不如清心。既然没有如愿，不如释然。"我们所能做的，不过是不求尽如人意，但求无愧于心。对过程努力一些，对结果看淡一些。多一些豁达，少一些烦恼。

这也是从注重结果到享受过程的转变。注重结果，不能接受一丝失败，为不能确定万一的结果患得患失。享受过程，则是将经历化作积淀，把自己修炼成更好的样子。

在努力的过程中，体验点滴成长带来的蜕变，本身就是一件很有意义的事情。

如果害怕失去、太想要得到，往往很难接受失败，心态容易失衡、偏执。对待得失，最好的方法是做最坏的打算，拼尽最大的努力。

不能事事如意，但可以事事尽心。

我认识一位文友，在圈子里有“重度话痨”之称。其实他以前不是这样的，他从小性格内向，不善于表现，不喜欢与人打交道。进入师范大学后，每到晚自习同学们需要轮流上台演讲，每次轮到他，他就非常紧张，常常把演讲搞砸。

有一次，他被交换到隔壁班演讲，为了不出洋相，他做足了准备，演讲前还特意躲到琴房里，对着白墙反复练习，确保没有卡顿之后才鼓起勇气去隔壁班。

原本以为万无一失，没想到在面对台下陌生的面孔时，他又开始紧张。联想到自己的目标“只许成功不许失败”，他说着说着越来越慌，声音越来越弱，头也越埋越低。自然，这次演讲又搞砸了。

回到班上，原以为会被同学们嘲笑，没想到大家纷纷夸他进步很大，这次演讲坚持的时间比以往都要长。他晚上复盘时惊讶地发现，不知道从什么时候开始，自己演讲坚持的时间确实越来越长，和同学们的关系也比以往有了很大改善。

虽然还是没有达到理想的结果，但这些宝贵的经历，何尝不是一种历练和收获？现在的他，早已毕业工作多年，对着学生侃侃而谈，和朋友们相处融洽，自信又开朗。

不难发现，在努力的过程中，学到的方法和经验并不会因结果如何而改变，它们会成为记忆中的一部分，在潜移默化中影响我们的言谈、举动、气质，在未来的某一刻派上用场。

为了理想去拼、去闯的积极状态，也让我们的内心充满正能量，更认识到自己的短板，脚踏实地朝着对的方向前进，收获一点一滴的进步。

荀子曾说：“小人其未得也，则忧不得；既已得之，又恐慌失之。是以有终身之忧，无一日之乐。”没有得到的时候，为得不到而担心，得到以后又忧虑失去。这样的人一生都是忧愁的，郁郁终日不得开心颜。

越想得到越得不到，越怕失去越容易失去。不如以坦然的心态去面对，把每一次的努力当作必经的锻炼，不给未来留下惋惜和遗憾。而最坏的结果，不过是大器晚成。**努力做事，看淡得失，是自我成长的必经之路。**

人们常说“尽人事以听天命”，世间可变因素太多，尽心尽力去做事，剩下的顺其自然就好。

在做事之前就计较结果，期待太高，把目标达成当成全部，往往容易心态失衡，过得不开心，再也看不到自己所拥有的。对人或者对事，越是执着，反而越得不到。相反，看淡得失，降低期待，把精力用在让自己变得优秀上，收获的反而更多。

事情的过程，比结果更有意义。可惜很多人本末倒置，为当下的结果而耿耿于怀。所谓“因上努力，果上随缘”正是源于此。

《论语》记载：“其未得之也，患得之；既得之，患失之。苟患失之，无所不至矣。”意思是说，人们想要得到某样东西的时候，唯恐得不到。已经得到的，又担心会失去。如果这样患得患失，那就什么也得不到。

有得必有失是常事，努力之后顺其自然、不计得失是一种豁达。尤其在结果不尽如人意的时候，放宽胸怀，以长远的眼光去拓宽人生的宽度与高度，从而做出更理性的选择。而开阔心胸最好的方式莫过于保持恰当的自信，有随时重新开始的勇气，也有分析原因找到解决办法的智慧。

不计得失，看淡起落沉浮。乘风好去，搏击长空万里。

没人能够一帆风顺，你要学会披荆斩棘

我有一个老乡，在考驾照的路上吃了不少苦头。报考前他就没少犯愁，首先是要上班，没有空闲时间，没办法练车。另外，他属于特殊人群，本地没有特殊报考资质的驾校，去外地考驾照又花费不菲……但这些都不是最困难的。最困难的是他的身体状况，考驾照注定要比别人难度更大。

他有侏儒症，生长发育障碍不仅限制了他的身高，还有多种疾病缠身，上回突发病情还在医院住了半个月。听说他想考驾照，大家纷纷劝他算了，何必自讨苦吃。

没想到只用了一个多月，他就完成学习并顺利拿到驾照。他说，其实很多次想放弃，尤其是本地驾校以他身体不好为由，无情拒绝他的时候。但就这么算了，他又不甘心。

本地没有合适的驾校，好在打听到外地有，并且愿意接收他去学习试试。他果断辞职，路远迢迢去报了名。至于学习过程中遇到的那些难题，说起来把把都是辛酸泪。

正式入学后，正值酷夏，他冒着高温勤学苦练，烈日下中过暑，一度担心自己身体会支撑不住。

由于身高限制，他在操作汽车的时候有很多不便，为了跟上进度，傍晚下课后还在场地上一遍遍练习。别人的休息时间则是他的刷题时间，整个过程付出了比别人多几倍的努力。

就这样，从科目一到科目三，他一关关闯了下来，最终完美结业。拿到驾照的那一刻，他发现过去想象中的那些困难在真正面对的时候，其实也没有那么难。

困难之所以被称为难，就是因为没有先例可借鉴，没有方法可参考，从头到尾都需要自己去摸索。但只要有不断试错和改正的勇气，不肯服输的狠劲，一步步走下来，总能顺利到达彼岸。

事在人为，想要的就去争取，想做的就去行动。与其思前想后，不如先做起来，不知不觉就能迈过横亘在面前的那些沟沟坎坎。

我发现，经过这件事，他的性格变得开朗许多，不像以前那么宅。在驾校学习期间，他结识了不少好朋友，其中一个同学听说他是辞职来考驾照的，还热心地给他介绍工作。只是他已经应聘上了理想的岗位，只能心领这份好意了。这次辞职让他找到了另一份更加专业对口的工作，这也算是考驾照这件事带来的意外之喜。

对成年人来说，不曾被磨难搓圆捏扁过，不足以谈人生。

就拿我这位老乡来说，小时候没少被同学嘲笑，小学没读完就辍学了。后来自学操作电脑，报班学设计，从英文字母都认不全到拿到广告设计师证书，最后进入一家装修公司做室内设计。虽然没有做出很大的成就，但相对于一开始的低起点来说，他的事迹堪称励志典范。这些年，他养成的自强、自立、自律的习惯，都在加速他的成长。

他曾经每天来去几个钟头赶公交上下班，睡眠严重不足，时间总是来不及，这让他无比珍惜时间，抓住一切碎片时间用来学习；他也做过小工，被人嘲笑过身材和样貌，被刁难过，也被温暖过，临睡前给自己打气“都会好起来的”，第二天醒来又是新的一天。

顶得住生活的重重考验，人的内心就会越来越强大，对未知的未来才不会再有恐惧。

没有谁的人生可以一路坦途，只有自己想办法披荆斩棘，才能踩出一条光明大道。

我曾听朋友讲述他的故事：住过桥洞，每天早上四点钟起床去进货，再整理货物，预备去大学城送酸奶。为了方便送货，他拿出有限的积蓄买了一辆二手三轮车，一个人搬上搬下。送完接着去做其他兼职，每天忙到晚上十一点多才能休息。

后来情况好了一点，他搬家换到地下室，虽然房间简陋，但比起住桥洞来已经是天上地下。朋友们闹着来庆祝，他买了一条鱼做饭招待大家。大家吃到一半，有人奇怪地问“这鱼怎么没有鱼尾巴？”其他朋友也看出来了，哈哈打圆场，他站在一边还是窘迫得说不出话。原来，为了省钱，他买的是没有鱼尾巴的半条鱼。

后来，他也遇到过困难，没有存款，只有负债，一日三餐就着榨菜吃馒头。很多次失眠到深夜，他想过回去找份安稳的工作算了，但想想第二天的送货计划，再想想未来的规划，又觉得万事可期。

现在的他，在异乡有了自己的工作室，做着喜欢的工作，虽然谈不上功成名就，但每年都有不小的进步，距离最初的梦想越来越近。

有人说，感谢苦难。其实真正要感谢的，是再苦再难也不曾放弃的自己。一帆风顺是大多数人的愿望，但人生路上注定要经历风雨洗礼，面对那些当下不可控的、未来不可预知的难关，驻足不前只会错失机遇，闯过去才有机会拥抱晴天。

面对困难，弱者用悲观和眼泪叹息命运不公，强者用乐观和勇敢去扫清障碍。逃避一时的困难，看起来似乎避开了当下的麻烦，但也避开了将来可能获得的收获。就像有人面对工作难题，不去思考解决方法，反而怪同事不配合、怪领导故意刁难、怪客户挑剔……直击问题本质，脚踏实地去解决问题，才是最好的方法。

勇敢，不是不难过、不害怕，而是相信：难是难，终会过。前方纵然风起云涌，也要鼓起勇气扬帆起航。勇敢考验的是毅力，磨炼的是意志。与其原地转圈畏难不前，不如去想办法，去尝试，否则永远也不能抓住想要的一切。

知道困难而不畏困难，经历坎坷而越挫越勇。每个人的内心都蕴藏着巨大能量，这是接近梦想的桥梁，关键就在于是否有勇气为实现梦想而承受过程带来的磨难。

哪怕接受一次又一次的失败，然后在一次又一次地推翻重来中养成新的习惯。这个过程会让人感到不舒服，可能没人理解、支持，更谈不上帮忙。

失落了无人安慰，失败了有人奚落。一旦妥协退缩，就再难精进。相反，勇敢去闯，会发现人生的机遇无处不在，也会带着我们一步一步地靠近渴望的生活。当年那些黑暗的时刻，多年后回过头去看，才发现正是那些磨难强大了自己。

有苦，是人生常态。有甜，才是生活对勇者的奖赏。不要小看任何一个勇于笑对困难的人，他们怀揣爱和责任，向着目标砥砺前行，最终收获自己想要的生活。

人生的机遇无处不在，命运更青睐那些迎难而上的人。

真正让人烦恼的，不是生活本身，是心态

大概很多人都会经历一些说起来事儿不大，但想起来却闹心的时刻，如生活一地鸡毛，怎么也做不完的家务和没完没了的唠叨；工作也不顺，努力了不一定得到想要的回报，在很多个深夜一边失眠一边焦虑；就算是亲密如枕边人，也会偶尔生出“他怎么还不懂我”的郁闷。横亘在眼前的这些烦恼，似乎一眼望不到头，不知道什么时候才能好起来。我也曾这么以为。

有段时间我特别忙，负责的不少项目都在赶进度，偏偏对接的客户要求又多，一个方案往往要来回沟通、修改四五遍。沟通那么多却迟迟拿不到结果，我变得极其烦躁。

孩子也不省心，学习不主动，做作业拖拖拉拉；坏习惯改不了，晚上很晚不睡，早上起不来。这个年纪的孩子，又打不得骂不得，让人焦虑到头秃。

好不容易撑到周末，可以在家休息半天，我张罗着拆洗窗帘、打扫卫生。没想到窗帘灰尘太多，在清洁的时候导致洗衣机排水管堵塞。我慌慌张张地去找工具，结果又把电脑碰翻在地……

一连串的突发事件，让原本就压抑着情绪的我一下子爆发了，看谁都碍眼，最后逮着淘气的孩子一顿吼。一时间，家里被我折腾得鸡飞狗跳。老妈听说后，让我去她那儿歇歇。

我到时，老妈正在给生病的老爸洗脸，接着又去做饭，还趁太阳出来忙着晒被子、晒萝卜干，时不时去招呼她的那些小鸡、小鸭……她一边忙碌，还一边跟我絮叨，月初点的菜种子发芽了，邻家小哥回来带了外地特产送她，抽空炒了花生、蒸红薯片……很难想象，她一天中要照顾病人、要照料鸡鸭，还有地里的农活，居然还有兴致去念叨生活的小美好。相比之下，我突然觉得自己这段时间太暴躁了。

老妈仿佛看出我心事重重，也有意无意点醒我："这人呐，只要心态对了就啥都对了，多大个事儿。"

晚上回到家，我反复琢磨老妈的话，发现自己的心态确实出问题了。有时候不是生活太糟糕，而是我们的情绪太容易被牵动，没有好心态，生活难免就会一团糟。

"食神"蔡澜有一个习惯，每年开放微博一个月，为众多网友答疑解惑。其中有个问答被点赞冲上前列，"每天担心爷爷离开，除了担心焦虑，我觉得活着很无趣，每天恐惧死亡。"蔡澜回："有何用？"

确实，面对离别、压力、变故、残缺等人生难题，担心、焦虑，甚至恐惧，除了徒增烦恼，并没有什么实际用处。不如把心态放平，保持对生活的热情，把当下的日子过好。

我曾看过这样一个故事：一天，作者在火车站遇到一群拄拐杖的男孩。孩子们行动不便，每过一道台阶都艰难而缓慢，但路过之处，他们发自内心的快乐感染了很多人。

作者也被这份快乐感染，和领队老师聊起来。原来孩子们一开始也消极过，但慢慢地，他们认识到，与其痛苦、抱怨，不如像正常孩子一样快乐地生活。孩子们的自信、乐观，让他不由得脱帽致敬，并终生谨记于心。

没有谁的生活一直顺心如意，但也没有想象中的那么糟。把心态放好，柴米油盐的琐碎里也能发现趣味和浪漫。

生活中，可能有些状况难以改变，但我们可以选择用什么样的心态去面对。同一件事，以好心态去面对，看到的通常是希望和美好。反之，则是问题和不满。你怎样对待生活，生活就会怎样回报你。心态好的人，总能把生活过成自己喜欢的样子，活得随性而自在。

身边有那么多值得开心的事情，被人惦记的温暖，完成小目标时的满足感，独处时做一些悦己的小事自我治愈，收获赞美时的自信，和家人闲坐灯火可亲，都能让心情舒展，重拾开朗自信。何必盯着不开心的，怨天尤人，自我烦恼？

有人说，“积极的人像太阳，走到哪里哪里亮；消极的人像月亮，初一十五不一样”。心平气和，才能遇事不惊、从容不迫；心胸开阔，才能汲取力量有所收获。

我曾看过一则访谈，有位大叔失去两位家人，自己也感染了疾病。一时间，他的生活陷入一片恐慌和混乱。好在，在朋友的关心和鼓励下，他从颓丧中慢慢调整过来，一边积极配合治疗，一边在网上晒温馨日常。

他给网友介绍自己的家，室内收拾得干净整洁，圣诞树、雕塑、花瓶等摆放有序，不难看出他是一个热爱生活的人；晒家里的狗狗，小家伙在积雪里奔跑的活泼让人眼前一亮；分享自己抵抗病毒的经验与心得，给大家加油打气。这份豁然、达观，不仅让他自己的内心获得安然，也传递出向上的正能量，难怪吸引无数网友为之点赞。

生活中，我们可能也有过这样的经历：年会唱歌记错词，始终难以释怀，毁了一整晚的好心情；谈了很久的对象分手了，颓丧不已，再也不敢相信爱情；工作遇到挑战，开始怀疑自己，消极对待，影响任务进度。

相反，好心态的人会化悲观为积极：欣赏别人的精彩表演，留下更多美好回忆；好好爱自己，等待遇见更好的人；越挫越勇，哪怕最后失败，起码学到了经验。

很喜欢这样一段话，“洗一个澡，看一朵花，吃一顿饭，假使你觉得快活，并非全因为澡洗得干净，花开得好，或者菜合你口味，主要因为你心上没有挂念”。

心放宽了，看什么都顺眼；相反，再好的景致也会黯然失色，再美的佳肴也味同嚼蜡。

人之一生，有别离、失意、痛苦、求而不得，而最好的应对方式莫过于看开看淡，拿得起也放得下。心态顺了，做事也就顺了。

愿我们都能保持好心态，一起无畏前行。

学着欣赏弯路上的风景

前段时间，有一次社区居民服务中心通知我去定点医院接种疫苗。我特意请假起早赶去排队，没想到去的时候已经人山人海，排队的长龙从医院门口蜿蜒到大路边。

想到领导安排的工作还没完成，另有新项目等着下午对接，而这边排队看样子没两三个小时完不了，我顿时焦躁不已。我的后面有络绎不绝的人赶来加入队伍，大家一边抱怨一边往前挪动。不知道过了多久，外面下起雨来，且越下越大。糟糕的是，我只戴了一顶遮阳帽，没带伞，又只穿一件单薄短袖，很快在细雨中感受到了寒意。我想，回去拿伞吧，再来的话不知道又要排多久。而且错过今天，说不准下一批疫苗什么时候才能到。不走吧，万一感冒了，更耽误工作和时间。

左右为难之际，后面忽然有人拉我："姑娘，你站过来一点噻！"站在我后面的大姐撑开了一把大伞，正好把前后两个人一起笼罩进去。大姐看我愁眉苦脸，笑盈盈地说："你们年轻人啊就是心事重，好不容易有半天空闲，何不好好享受呢？"

我想到刚才在手机上看了许久电影，这样轻松的时刻，要是搁在以往是不敢想象的。而我不但没有为此感到久违的放松，反而一边看一边在微信上和朋友抱怨，把自己搞得更加纠结和焦虑，顿时觉得特别划不来。

再回想起来，早上在路边摊吃的蒸肠粉滋味不错，也是家人喜欢的味道，等回去时可以再买一份带给家人；朋友得知我在淋雨，说等会儿给我送外套和雨伞来，被人惦记的感觉真好……

不知道有多少人曾和我一样，遇事不顺，总是先往最坏的方面想，而这只是在给自己添堵，且于事无补。就像这次排队，如果我早点儿看淡一些，把等待当作放松，岂不是轻松许多？

一叶障目，如果被小事浪费过多精力就很难发现身边其他美好。对生活从容恬静，对往事释怀坦然，不纠结、不计较，如此有了好心情，眼里自然皆是好风景。

看轻，是一种选择，选择看见好的一面；看轻，也是一种智慧，懂得给生活减轻重量；看轻，更是一种胸怀，放下不可改变的，做好当下能做的。

看清是能力，看轻是境界。

我曾在一家鞋厂打工，附近有个小吃店卖凉茶和各种糖水，价格公道，分量又足，工友们收工后都喜欢去那里坐坐。老板娘为人爽朗，把店打理得井井有条。她有个活泼可爱的女儿，有客人进店，会甜甜地叫着“叔叔”“伯伯”“哥哥”“姐姐”，忙前跑后帮忙招呼客人。在我们一群背井离乡的打工仔看来，她的生活无疑是幸福的：事业有成、家庭美满。

但熟悉之后才发现，她并没有我们想象的那样“光鲜”。她离婚好几年了，前夫明明生活优渥，却找各种借口拖着孩子的抚养费不肯给，对孩子更是不闻不问；父母不赞成她出来创业，说一个女人那么累干吗，不如趁着年轻，赶紧找个人再嫁；她白天要打理店铺，晚上还要处理家事，辅导孩子功课……养家育儿的重担，全堆在她一个人身上，实在不容易。

我遇到过不少和她遭遇相似的女人，要么愁眉苦脸，逢人就吐槽；要么把自己封闭起来，一脸苦大仇深的样子，把日子过得比黄连还苦。而她，是我见过心态最好的一位。

她排解苦闷的方式是让自己先忙起来。比如，闲暇时，她会下功夫研究点心，时不时推出新品尝鲜，留住老客户的同时吸引一批新客户。在后院摆弄花花草草，养了一大片多肉，长势极好，肥润可爱。我有幸曾得她赠送一盆，摆放在房间的角落里，枝叶间透着蓬勃朝气，看着就心情舒畅。她也爱打扮，有时穿上旗袍，挽着低发髻，在柜台后面吹一支曲子，自娱自乐，光看背影就极为优雅动人。女儿在她的影响下，温暖又贴心，俏皮又大方，像个小太阳。纵使生活一地鸡毛，也被她打理出了勃勃生机。

人生有时候很无奈，关键是你以何种心态去看待。既然躲不过不如意之事，那就放下看开。心态调整好了，很多事情自然迎刃而解，再窘迫也能发现希望，再遗憾也能看到转机。

看清不如看轻，唯有如此才会有度，不执着。如果死攥着过去，又如何乐在当下、笑迎未来？利用有限的时间向内修炼，把负面情绪向外释放，哪怕在油盐酱醋中也能发现“漠漠水田飞白鹭”的闲情雅致，从而遇见更好的自己。放下已经失去的，让生命少一点苦。珍惜当下拥有的，给生活多一点甜。

作家刘墉曾在书中写过这样一个小故事。

有一次，他出门办事，路面十分湿滑，急着赶路的他好几次差点滑倒。等到了目的地才发现，不知道什么时候鞋底已经脱落了。

这双鞋价值不菲，还没穿几次就“报废”了，任谁都会心疼。但他一点也不懊恼，反而高兴地说：“幸亏是双好鞋，结实，要不然，只怕我已经摔伤了！”

生活就是这样，也许不可能事事如意，但你可以选择以什么样的心态去面对生活里的那些不如意。越是计较，越容易被困扰。放下心中的挂碍，那些求而不得、怨憎、执念，终会成为过去。轻装上阵，多少风光就在眼前。

我很喜欢这样一句话：“在这个世界上，不是所有合理和美好的都能按照自己的愿望存在或实现。”

人生中的无奈时刻总是很多，换个角度，我们也许就会明白，看清不如看轻：眼下放开不合适的人，是因为后面还会有更值得你珍惜的人出现；眼下的努力没有结果，是因为前方还有更大的惊喜在等着自己……

憾事不必抗拒，旧事不用介怀。已发生的就接纳，改变不了的就放下，那些走岔了的路最终还是会绕回正确的方向。

人生不是由眼下的一两件事定义的。我们的生活里，除了“得不到”和“已失去”的，还有“拥有”的。凡事太过计较，只会为一时得失而郁结在心。忽略琐事烂事，守住内心的平静，既是对过往的告别，也是对自己的善待。

人人都可以在平凡的生活里，笑得坦荡，活得漂亮。

你不是不行，只是不敢

表弟是市内小有名气的摄影师。因为工作需要，他一直想加入更高级别的省摄影家协会，只是苦于门槛太高加上缺少资历，迟迟没有找到合适的机会申请。

有一次，市里推荐他和其他同行参加一个大型摄影竞赛，如果作品获奖，被省摄影家协会主办的媒体刊登，不仅有丰厚奖金，还可以为入会计分。

表弟接到通知很激动，同时也很担忧：这种大型比赛面向全国，少不了来自各地的参赛摄影师，届时高手如云，而他经验欠缺，不知道还有没有机会获奖。

为了给他鼓劲儿，我放弃了周末休息的时间帮他找资料，还答应和他一起去比赛指定景区，协助他拍摄创作。没想到，临出发那天我却接到了他的电话，他告诉我不去了。

原来，他接到一场商业活动拍摄邀请，对方开出的酬金很可观，就是时间上和比赛有冲突。考虑到即使去参加比赛也不一定能获奖，他决定放弃比赛，去参加商业拍摄。

几个月后，表弟怀着好奇心查阅比赛结果。没想到，部分获奖作品不仅和他之前的拍摄风格相似，而且拍摄题材也正是他所擅长的。

如今，表弟每每提起这件事就遗憾不已。明明有机会参加比赛，挑战更高的目标，却因为内心害怕失败，错过了一次成就更好自己的机会。

我很喜欢这样一句话，“一个人失败的最大原因就是对于自己的能力永远不敢充分信任，甚至认为自己必将失败无疑”。有多少人，在遇到难题的时候绕道而行，不去寻找“做好一件事”的办法，而是预先设想“做不好这件事”的可能。要知道，比失败更遗憾的，是“我本可以”。

不知道你有没有发现，那些自信的人在面对生活抛过来的挑战时总是显得从容不迫，期待好的一面，也无惧最坏的结果。因为他们知道，人生最大的遗憾莫过于很多事情不是自己不行，而是不敢去做。

害怕失败，更担心失去已经拥有的舒适圈，当恐惧失去大于得到，很多人会下意识地为自己的懦弱寻找借口，骗自己是不行、不想要，甚至什么也不做。

你可能听过很多类似的抱怨：想从头再来又没有信心，干脆以“都这个年纪了”“学了也没啥用”来搪塞。羞于正视自己，从不敢主动开启一段关系，因为觉得自己不够好，不配得到关心和爱。

其实，那些自信的人，也曾有胆怯和退缩。只不过，与其逃避，不如面对。勇者，从不会被那些负面情绪所裹挟，而是排除万难先行动起来，向着目标前进。

我曾在一家电商平台的广告部上班，每天和形形色色的商家打交道，时间长了，发现这不是我想要的工作，但一时又找不到更适合的事做。后来遇到一个机会，公司文案组招写手，我果断递了换岗申请。

同事们知道后都觉得我做了傻事，万一胜任不了新工作，不仅工资大大缩水，说不定还要面临被辞退的风险。

在我看来，虽然去文案组工作相当于从头开始，但和自己的兴趣沾边。我喜欢写作，乐意和文字打交道，写文案虽然不同于文学创作，却是自己喜欢且向往的工作。

经过一番岗前培训，领导给我安排了新任务，给某品牌热水器写推广文案。要求看着很简单，没想到前前后后写了好几个版本，客户那边就是过不了。在文案又一次被打回之后，我有点泄气，恨不得摔门而去，但又有点不甘心。还没到山穷水尽，怎能轻言放弃？

跟朋友打了一通电话吐槽完，我继续冷静下来查找资料，揣摩产品的核心卖点，再结合用户痛点，写了一篇和之前完全不同风格的文案。新的文案交上去之后，客户反馈了几个修改细节，最终顺利通过了。

后来，我又陆续写了几篇，很多时候都是一边写一边修改，从一开始的摸不着头绪到越写越顺手，总算慢慢锻炼出来了。等这个新项目结项，我也在新岗位上站稳了脚跟。回过头去看，不由豁然开朗，原来很多事情只要多试一试，并没有那么难。为了更好地服务工作，我还报名了一个写作班，研究新媒体传播技巧。

广告部的同事听说我在新岗位上做得有声有色，纷纷说我有先见之明，是拿笔杆子的料。其实我心里清楚，我并没有什么天赋异禀，不过是比别人多尝试了几次而已。更不是不懂得考量现实利弊，只不过心中有目标，相信自己行，才坚定信念，脚步不停。

想要有所作为，就要敢作敢为。有些事情，你不全力以赴试一试，不会知道自己有多大的潜能。**所谓信心，不过是再难也想再坚持一次。拥有信心的人，没有逾越不了的高山，也没有抵达不了的目的地。**

这辈子，你有肯定过自己吗？有为了一件事而义无反顾地去拼去闯吗？

我曾听过一场演讲，演讲者大学毕业后，本来有机会留在大城市打拼，但父母在老家给他联系了一份稳定的工作，他最终选择回老家发展。

一开始，这份朝九晚五的工作，让他压力大减，可是随着时间的延长，这样一眼望到头的日子慢慢让他产生了厌倦。想到留在大城市打拼的同学，想到自己以前的理想和抱负，他难以平静：如果当初多尝试一下，自己的生活会不会大不相同？这时，他才慢慢开始改变，重新规划自己的人生。

演讲的结尾，他特意分享了一句话：虽然很多时候我们做事不能保证百分之百成功，但试一试，总好过什么也不做就放弃。

的确如此。一些看上去遥不可及的事，会因为你的大胆尝试，而增加更多成功概率。哪怕尝试后的结果不尽如人意，起码你曾竭尽全力争取过，不至于遗憾和在后悔中纠结痛苦。你对自己的态度，决定了人生的高度。不妄自菲薄，不好高骛远，在说出“我不行”之前，先试试“我可以”。

知道自己想要什么，内心强大，不为外部环境所干扰，更不会让别人的言论所左右，向着目标坚定从容地走下去。信心是看见并肯定自己的价值，心怀希望，以披荆斩棘的勇气去开拓属于自己的新天地。

我看过这样一句话：“即使是不成熟的尝试，也胜于胎死腹中的策略。”只有不断尝试，才能找出通向新世界的更多途径。有些路，你要走下去才知道风景有多美。

人生苦短，经不起几场遗憾。若还有余力，请勇往直前。

那些打不倒你的，都会让你更强大

那一年，我带着女儿回张家界投奔娘家。

那时女儿刚上幼儿园，凑完学费，我看了看银行存款余额，仅剩三位数，挣钱的紧张和迫切感空前强烈。

我只有初中学历，加上小时候曾因药物中毒导致听力下降，想找到合适的工作何其艰难！我应聘过酒店服务员、保洁、洗碗工……可惜都没有成功。

有一次，我看到一则招聘广告，是一家中学食堂招勤杂工，没有要求，也不提学历。我满怀希望去应聘，结果人家看我瘦小单薄，直接拒绝了。

旁边的大姐看我一脸失落，安慰说："这个活儿是要挑担子、搬重物的，你干不了，回去吧。"我说不怕吃苦，只要肯录用我。可我还没说完，就被负责人撵出来了。

夜幕降临，沿途的路灯依次点亮，我拖着两条沉重的腿走着，想着明天不知道何去何从，眼眶中含着泪水却倔强地不肯落下来。实在没辙，我拿出了两天的伙食费去找中介求介绍工作。中介查了很多资料，说有家鞋厂适合我，给了地址让我去面试。

那个地址很难找，是一个待拆迁居民区，我转了两趟公交，七拐八弯走了很长的小巷才到。这家所谓的鞋厂，其实就是做手工棉鞋的家庭作坊。老板安排我给鞋底缝线——用锥子在厚厚的橡胶鞋底边缘均匀扎上洞，再用特制的线把鞋面缝上去，再分左右理平整。老板说学熟练以后，可以把材料带回家自己做，做完再把成品送过来，一个月结算一次。

记不清我的手指被锥子扎了多少次，被线勒得红肿变形，慢慢地，十根手指都被缠上了创可贴。妈妈给我找来厚厚的棉布包裹住手指，希望能缓解拉线的压力。一天下来，我连拿筷子吃饭的力气都没有了。

虽然很辛苦，但我非常珍惜这份工作。一天中除了吃饭、喝水、上厕所，其余时间全用来做手工。做完一批，再大包小裹领回一批。为了省点车费和时间，我每次都尽可能地多拿，把两个大麻袋装得满满的，再转好几道车，即使大冷天也忙得满头汗。

还记得第一次结算工资的那天，正好是星期六，我带着女儿一起进城。那天难得地出了太阳，天很蓝，连吹过来的风，都是暖暖的。拿到薄薄的一小叠钞票后，我们计划着先去吃一碗三鲜米粉，再去书店买她心爱的绘本，再去……我还指着公交站旁边那栋正在修建的大楼，笑着许下豪言壮语："那里将来会是我们的新家！"

冬天过去，春天来了，棉鞋作坊暂时关闭，我再一次失业。

在现实里屡屡碰壁后，我开始尝试在网上找工作。起初，我学着在各大论坛发品牌宣传贴，5 毛钱一条。做久了，有个旅游公司老板找我商量，"包月，接不接？"于是，我有了第一份固定收入，虽然一个月只有一千元。

我做过网站广告推销，每月完成预定目标后，剩下的按点提成。我还做过文案撰写，从几块钱一条的微博、短贴，到几十、几百块钱一篇的商业稿件……我被人骗过稿，也从前辈们那里学到很多书上没有的知识。每一次新的尝试和用心的付出，我都能收获新的希望。当然，我的收入也在跟着上涨，就这样慢慢攒够了房子首付款，开始了新的生活。

撑过了为谋生而经历的那些磨炼，人生还有什么难和坎是过不了的呢？买房装修后，家里存款再次归零，我一点也不担心，而是干劲十足地投入新的阶段。

没有谁的人生是一帆风顺的，如果我当初不敢吃苦、退缩不前，别说给自己和女儿更好的生活，能不能活下来都是难题。

吃不了苦的人，永远只能在困难面前徘徊。而人生，正是在不断解决问题的过程中一步步蜕变的。与困难博弈，突破自我变得强大，以后无论面对任何窘境，都能以更好的状态，迎接未来挑战。

老舍《四世同堂》里的孙七，在遭遇失业后，不得不打着唤头，沿街去做零散活计。他不敢在家门附近响唤头，宁愿多走点路，去生疏的地方去“丢脸”，就为了保住那仅剩的尊严。他也想尝试解决问题，只不过浅尝辄止，又瞻前顾后，最后越过越潦倒。

谁都有可能遭遇人生中的各种变数，原本还算平静、安稳的生活，突然被打破，之前努力撑起的一方天地瞬间陷入黑暗，看不到任何光亮。就像孙七，中年失业是很惨了，可天还没塌，如果敢尝试敢拼一把，依然有很多重新开始的机会。

也许你以前不用为生计发愁，甚至工作体面、福利优渥、做事轻松，现在却需要从零开始，看尽社会冷暖，尝尽苦辣酸甜。

但你会就此被打倒吗？危机降临，有危险就有机会，原来的路已经没指望了，干吗不换条路试一试，也许更辛苦、更艰难，但万一那就是新的开始呢？

知乎上有位网友分享了自己的故事。在他30岁那年，母亲患病，但他连几万块钱的手术费都拿不出来。羞愧之下，他愤然辞去那份安稳但有些混日子的工作，选择从零开始去跑销售。

他以前的工作朝九晚五，出入高级写字楼，风吹不到、雨淋不着，如今他从最苦的销售员干起：沿着街区一家一家拜访、发传单，四处遭人拒绝，收到无数白眼；没有了朝九晚五一说，只要顾客一个电话、一个微信，他立马随叫随到。

几个月下来，个中辛酸苦楚，难以言表。身边的人也不理解，觉得他是自找苦吃，放着安稳的工作不干却从头再来，何必呢？

这位网友说，他从一开始热血上头辞职到后来吃了不少苦，也有过后悔，但是想想以前那种不思进取的生活，想想没钱给母亲看病的窘境，他咬咬牙坚持了下来。

辛辛苦苦干了几年，最终迎来曙光，他不仅还清了母亲治病遗留的欠款，还买了车，贷款入手一套四居室。扛过这一切之后，他发现，那次危机更像是老天给他的一个机会，让他下定决心去重新选择自己的人生，并将那些阅历化作直面生活的底气。

当初的难关有多大，能攀登过去的自己就有多大能量。心智，就

是在那些打不倒你的人生考验中，逐渐变得成熟、勇敢。

有人被人生考验抹去生机，也有人从中汲取能量，积蓄重新站起来的力量，去改写人生原来的轨迹。就像有人被公司裁员，不得不另谋出路，虽没有发财致富，但好在日子比以前过得更自在顺心；就像有人被生活捶打无数次，还是打起精神发展一两项爱好，在苦难的日子里活出坚强和诗意；就像有人身陷糟糕的婚姻不再将就，重新选择单身生活，一边辛苦谋生养娃，一边努力提升自我以期许未来……

人们常说，造化弄人。有些东西是无法改变的，比如年龄，再如时间，又如大环境，但人的见识、经历却可以重新塑造。很多时候，我们就是在一边受伤一边前行中慢慢成长起来的。

人生于世，难免会遭遇各种危机，更多时候注定自己要单枪匹马，独自迎接生活的碾轧，咽下其中的酸甜苦辣。

如果在这个时候，去谈改变、去谈尝试，可能会有无数过来人“忠告”你：没有资本，没有靠山，想迎风翻盘何其难！

那又如何？去尝试，总比原地踏步、幻想有奇迹降临要好。面对困境，换个角度，调整方向，闯一闯，也许就能闯出另外一条路子。世上没有任何一条路是顺风顺水到底的，走不通就换条道试一试。走通顺了，则是柳暗花明。

聪明人，善于把遇到的拦路石变成成长路上的垫脚石，用它们成全一个更强大的自己。

4

PART

处世篇

（本篇作者：倾城）

痛苦是经历，蜕变是结果，这才是失去的真正意义。

交友意在心相通，步同频，人生顺意时能把酒言欢，失意时可相互扶持。

开心的人，并不是事事都顺心的人，只是遇到不顺心的事，他们有调整好自己心态的能力而已。

成熟的人，都懂得守住边界

工作后的十余年时间里，我一直做着与文字相关的工作，被身边的很多人视为“笔杆子”。

我的工作范围很广，除了负责公文、工作总结、领导讲话稿的编写外，还负责公司内刊的编辑工作。看见自己写出的文字被打印出来，我常常感受到收获的喜悦，再加上身边人的夸赞，自信心也油然而生。无论我在写作过程中被领导驳回多少次，修改多少次，承受了多少心理压力，全都变得不重要了。

在周围人一声声“才女”的吹捧下，一些同事来找我帮忙写稿，销售协议、演讲稿、工作总结、会议发言稿……这些要求也极大地满足了我的虚荣心。我认为大家都托付我写，那肯定是因为我写得好。所以，我一律笑脸相迎，来者不拒。为了不让大家失望，我见缝插针地挤时间，再累再忙也要完成别人的托付。

可是，时间长了，这件事情就变了味儿。因为我“好说话”，找我帮忙的人越来越多，忙到我根本无暇顾及自己的事情。起初，大家找我帮忙的还是一些工作范围内的内容，到后来，各式各样的请求都来了，甚至有同事找我写家长会发言稿、老人祝寿词、孩子的作文……

慢慢地，我不堪负荷，却不敢拒绝别人的请求。我甚至都能想象出我拒绝后他们的反应：“以前可以，现在怎么不可以了？”“你可以帮张姐写，为什么不能帮我写？”“不就会写点东西嘛，摆什么架子！”我从小到大都怕得罪人，不知道怎样应对这样的质疑。

直到有一天，我忙得焦头烂额，同事来找我写稿。当时已是晚上八点，我手边的工作还没做完，孩子还等着我哄睡，本身就焦虑的我看到同事的信息突然就崩溃了。我气愤这些人，他们从不为别人着想，开口求助总是那么容易；我也痛恨自己，为什么那么热心，总爱把别人的事情揽过来，才导致了现在的局面。在大哭了一场后，我还是不敢直接拒绝，便委婉地回她：“今天恐怕没时间了，要加班到很晚，等我有时间了再来帮你弄。”她回我：“没事，你先忙，我自己网上搜一下也很快。”

那一刻，我突然想明白了。同事们托我写的内容，上网搜索一下，资料又多又丰富，于他们而言又有何难？他们之所以用我，并不是因为我写得有多好，而是因为我好说话。只要说上几句夸赞的话，就能免去他们四处搜索、翻书、搜肠刮肚之苦。而我愿意为了这些夸赞把自己忙成陀螺，其实就是在吸引更多的人来向我求助。

守不住自己的边界，就怪不得别人越界。为了得到更多的肯定，我任由别人打扰我的正常生活。而在他人眼里，我的价值不过是“为他人服务”而已，我不拒绝别人，别人更不会设身处地为我着想。

从小父母就教育我要“以和为贵”，我们的家庭氛围也是如此，父母都是外人眼中的“老好人”。也许是受到环境影响，我和妹妹都是很好说话的人。

妹妹毕业后在省城一家医院做后勤工作。在外人看来，在医院工作就意味着有得天独厚的资源优势。为此，亲戚朋友一有看病住院的需求就找她帮忙。妹妹能帮则帮，但帮的人多了，不可能事事都尽如人意。

记得有一次，妹妹去探望帮忙过的一个住院病人，病人家属跟妹妹发了很多牢骚：医生选得不好，手术做得不满意；医生对邻床病人的态度比对自家好；邻床病人用的药便宜还止疼，自家的药贵还不止疼……

虽然病人家属发发牢骚很正常，但经历的这类事情多了，妹妹总会因为没有完全达到别人找她帮忙的目的而自责，甚至担心乡里乡亲的，大家回去后又四处散播闲话。这让她感到很焦虑，不帮不合适，在人生地不熟的地方，大家把她当成希望，她的帮忙能给予病人和家属很大的精神力量；但帮忙帮不到底，她内心又忐忑不安。多番思考后，她该帮忙时照常帮，但会把话说在前头：自己只是医院的普通职工，哪些事情可以帮到忙，哪些事情确实帮不上。把所有事情都摆到桌面上讲清楚，避免自己帮了忙，还要承受指责，心里闹不痛快。

选择帮忙是一种善良，但善良也要有底线，在双方利益都不被侵犯的前提下，人与人之间的情义才更显可贵。

人际交往中，边界感很重要。这种无形的界限不仅区分着“什么是他人的事”“什么是自己的事”，还区分着彼此愿意付出的程度。向前进一步是打扰，向后退一步是委屈。

人性是复杂的。并不是所有的付出都能换来感恩，也并不是所有的请求都必然得到回应。只退不守的人，容易激发对方的贪婪，让人更加得寸进尺。**成熟的人，都懂得守住自己的边界。愿意为别人付出，**

但不过于让渡自己的意愿为他人牺牲。

我有个朋友，就是个边界感非常清晰的人。

部门的一个年轻同事找她借车开，理由是自己的车没档次，而第一次去丈母娘家，不能显得太没面子。朋友便借口自己的车有问题，已经约好修理时间，拒绝了对方。

朋友认为，两个人的关系很普通，没到可以随意把一辆车借给对方的地步。虽然拒绝的时候比较尴尬，毕竟低头不见抬头见，但这样做，杜绝了不确定的安全隐患，也堵住了他人效仿的路，为自己减少了许多麻烦。

拒绝，听起来不太容易，但真正做起来并没有那么难。

我离开职场七年后，还有老同事找我帮忙写稿。他说："姐，只有你写的我才放心。"我回复他，有给我详细讲解的时间，他自己也能写出来了。我早已不是当年那个"即使委屈自己也要满足别人"的我了。边界感越清晰，越懂得自己该做什么，不该做什么。

尊重别人和尊重自己都是功课。芸芸众生，每个人的边界感都不一样，别人觉得无所谓，我们觉得有所谓。想要建立双方之间的良性关系，无非就是做好两件事。一是守住自己的边界，自己的人生自己做主；二是尊重别人的边界，不随意打扰别人的生活。

一个合格的成年人，要有守得住自己边界的能力，也有不侵犯别人边界的智慧。认知清醒，行为合理，人际关系自然更和谐。

接纳自己的平凡，也是一种成功

读路遥的小说《人生》，我在主人公高加林的身上看到了自己的影子。

高加林是个心气甚高的人。爱读书写作的他虽然没考上大学，但有机会教了三年书，被农村人羡慕着、尊敬着，他很享受这样的生活。后来，他意外从体面的教师变成村里的农民，不得不屈服于现实。他像大多数农村人一样，去城里卖馍，去地里劳动。

卖馍的时候，他一路只顾着躲同学、躲熟人，最后躲进县城的文化馆，去书籍和报纸里寻安慰，结果一篮子馍都没卖出去。从第一天去地里劳动，他心里就赌着气，干起活来像拼命一样，震惊了村里人。

高加林害怕当农民，害怕跟农村姑娘巧珍扯上关系，害怕一切可能会把他变成平凡人的东西，甚至一看见有人骑着车子穿着的确良衬衣去上班，他心里就难受。

在高加林看来，脱颖而出的人生才有希望。所以从回村那一天起，他就开始和自己较劲。他的手，是要写字的手，不该举起锄头。他无法接受自己成为农民的事实，无法接纳自己泯然于众人，但又没有抵抗命运的能力，只有通过自虐表达他的不满。

然而，在城里经历了升职、失业、恋爱和失恋等一系列起伏后，他最终还是得回到那片土地，过平凡人的日子。

高加林的挣扎过程，像极了我们普通人跌跌撞撞的人生。

年少时，谁没有一身挥斥方遒的意气呢？记得在学生时代，同学们讨论起理想，都是科学家、航天员或工程师，每个人对自己的价值都是那么笃定，似乎大家生来就是要“成大事”的，没有人认为自己会默默无闻地过完这一生。然而，踏入社会后才发现，成长就是一个慢慢受生活锤打的过程。从以为自己可以改变世界到知道自己不能改变世界，我们最终会发现自己在时代的洪流面前是如此无力，能做好顺应时代的发展、适应这个世界就已经很不容易了。

成大事、立大业的人少，拼尽全力才能把自己活好的人多。

有一次，我跟几个朋友聊天，突然有人问：“你什么时候接纳了自己是个平凡人？”

一个朋友说，自从步入社会，一直在各个城市追梦。起初，她总觉得自己比别人厉害，将来肯定也会活得比别人更耀眼，甚至觉得，即使当下没有实现梦想，未来的自己也终究会跟别人不一样。

但现实多与梦想背道而驰，在经历了一次次的碰壁之后，她最初的想法产生动摇。有一天，她在马路边等红灯，看着来来往往的车流和身边的人群，突然感觉到，自己也不过是这喧嚣世界中的匆匆过客，众多平常人中的一个而已，世界不会按照自己的意愿发展，自己也不能完全控制生活。从那次之后，她改变了“自己跟别人不一样”的想法。

她说：“这并不是认输，而是与生活交手多年之后，对人生有了更深的认识，承认了自己的局限。”

承认自己的局限，是一件很不容易的事情。年轻气盛的时候，大多数人都是一腔抱负，认为自己是栋梁之材，好像不被生活磨砺一番，很难发现自己的局限。对此我也感受深刻。

在成为家庭主妇之前，我在职场还有点小成绩，这让我觉得自己与别人很不一样，认为自己哪怕回归家庭，也会是一个不普通的家庭主妇。

可在最初的三年时间里，生活不仅没有给我证明自己的机会，反而把我折腾得灰头土脸。在那段身心疲惫、失望累积的日子里，我决定去找一份兼职做，想通过一边带娃一边挣钱的方式重塑自我价值感。

在儿子的小学附近有一家私立幼儿园招聘办公室文员，虽然对方要求全职工作，但我认为只要他们知道我有十几年的文员工作经验，还做出过不少成绩，这不是问题。

去应聘时，我把自以为了不起的工作经验和成绩当作底气，先“坦诚”相告，做好铺垫，接下来就开始提条件：我工作日什么时候接送儿子，周末什么时候接送女儿，以及陪孩子们上兴趣班，这些时间段我不能工作和加班；我只能做招聘启事上要求的工作内容，如果超出范围，如外出招生、解决家校矛盾等，我不擅长做，也不想费心力去做。为了证明自己的确有能力做好这份工作，我表态即使自己只能做兼职，也一定能做出令他们满意的结果。

经过两位领导的面试，我回家等消息。爱人听过我的应聘过程后说：“人家幼儿园是招人干活的，不是招大爷来伺候的。”还预言对方肯定不会聘用我。结果被爱人说中了，这次应聘以失败告终。一段时间之后，我又去了一家培训机构，重复了跟上次同样的应聘过程，结果又失败了。原来我引以为傲的资历和能力，在招聘单位看来，没有任何价值。

我渐渐意识到，自己就是个普通人，与身边的张三、李四、王五没什么区别，我们都是这个社会的一颗小螺丝钉，只能在适合自己的位置发挥自己有限的力量。

接纳自己的平凡，是许多人辗转半生才能明白的道理。接纳自己的平凡，就是与现实和解，在既定的生活状态中获得乐观、勇敢的力量。努力去争取一切自己所能争取的，臣服一切自己不可抗拒的，这才是真正的智慧。

歌曲《平凡之路》里唱道：

我曾经跨过山和大海
也穿过人山人海
我曾经拥有着的一切
转眼都飘散如烟
我曾经失落失望
失掉所有方向
直到看见平凡
才是唯一的答案

生活，并不是轰轰烈烈地去做一件大事。生活是春季的花、夏季的雨、秋季的风和冬天的云；生活是一日三餐和那些与你相伴而行的人；生活是为之头疼，也因它而成长的那一件件小事。

我们最终都会在四季和三餐的循环里走完属于自己的时光。接纳自己的平凡，把每个认真活过的当下串起来，也会是成功的一生。

那些失去都是来助你的

23 岁时，我通过招聘考试进入我们县一家有名的私企做财务工作。三个月的试用期过后，我和另外两位新同事一起被分到新工厂的营业窗口，专门负责开销售票据。

工厂是生产啤酒的，时值夏天，每天的啤酒销量都非常大。那个年代没有网络支付，收的都是现金，下班结完账后，我们就装着大量的现金，坐专车去公司总部交钱交账。因为都是新手，没过多长时间，我们三个人之间发生严重的账目错乱。财务主任每天都带着人来查账，他们常常边查边埋怨，还时不时冒出几句让我心跳加速的话："这个数目，公司报案的话，你们是要坐牢的。"

查账结果出来，我的账目上多出两万多元，另外两位同事一个账目缺额十几万元，一个账目缺额几万元。这是重大失误，公司决定开除我们三人。听到这个消息的时候，我很恐慌。这是我回到家乡后的第一份工作，被开除的话，给家里增添负担不说，县城就这么一点儿大，传出去以后我还怎么见人？在正值青春的年纪，我的自尊差点被这一次的错误消耗殆尽。

当时，我正在跟同事，也是我现在的爱人谈恋爱，已经快要结婚了。公司领导在了解到这个情况后，看在爱人是个优秀的老员工的面子上，对我的错误酌情处理，并没有开除我，而是让我们以另外的方式来弥补：我在婚后马上被调岗，去了办公室一个“打杂”的岗位，爱人被调到外地做业务。从这以后，我们两人开始了长达 15 年的两地生活。

在那一年的时间里，我就像坐过山车一样，被生活猝不及防地甩下，又被猛地抛起来。

此后，背负着“犯过大错”的精神枷锁，我开始了在办公室里小心翼翼的生活。作为同事们眼里靠关系才保住一份工作的人，上班对我来说就是煎熬。接打电话、接发传真、干杂活，这些工作我都可以接受，但每天早上我都得比别人早到至少半个小时，因为我要赶在别人上班前打扫好三位领导的办公室，扫地、擦桌子、整理文件、准备饮用水……我一时无法接受这种心理落差。

办公室加上我共四名员工，年轻人下班后喜欢聚会，他们常常相约一起出去玩儿。虽然有时候也会邀请我参加，但我听得出来他们话语中的客气。我知道自己是个局外人，所以也不参加他们的聚会。

那时，我每天唯一的安慰就是去公用电话亭给爱人打电话，满腹委屈都在那时候倾泻而出。他哄，我哭。每次哭完，不舍地放下电话，木然地走向一个人的出租屋。直到现在，我都忘不掉当初那个孤单的、装着满腹心事的自己。

我感觉命运推我走上的，是一条我不得不去走的路。

我没有其他选择。想要证明自己，只能在有限的工作范围内做出成绩来，把自己从过去的错误中打捞出来。想通这点后，我不再沉溺于与现在的工作对抗。心态变了，行动也积极了。

很快，时间就给出了答案。我不用看密密麻麻的通讯录就能辨清来电对象，拨打电话快速准确；工作范围内的上传下达清晰高效；卫生区域打扫得整洁利落……我成了同事们信赖的人，工作交到我手上，就是高质量完成的保证。

因为做过校对的杂活，我对文字的敏感度也慢慢开始显现。从校对起步，我重拾写作的爱好，渐渐越写越好。领导开始把重要的文书工作交给我，又安排我去参加公司的演讲比赛、外部的知识竞赛。

从写公文到成为内刊编辑，从参加演讲到成为各种活动主持人，我在办公室做出越来越多的成绩。优秀员工、优秀主管、优秀管理人员、全县三八红旗手、全县优秀党员……我的人生价值一步步被挖掘出来。

我被一股无从选择的外力推着向前向上，不断地循光而行。而这一切所得，竟然是以失去开始的。如果不是那次犯错，我也许一直在财务岗位上工作，与不精通的数字打交道，半辈子活在情绪的内耗中，也说不定会犯更大的错误。

命运的力量如此玄妙，有时候你以为的失去，其实往往是另一种开始。如果你抗拒，也许就停留在失去的终点，久久无法释怀；如果你接纳，就踏上了蜕变的起点，开始了另一场人生。

人这一生会经历很多次失去。那些失去的人，是与我们的缘分走到了尽头。人生在世，每个人都是踽踽独行，遇到的人都只能与我们相伴一程，亲人、朋友莫不如是。正视这些失去，我们才会更懂得珍惜这每一程的缘分。

那些失去的物，本就不属于我们。我们赤手空空地来到世间，一切所得都是偶然，也没有什么不可失去。工作也好，名利也好，人生总是瞬息万变，没有什么拥有能成为永恒。也正因如此，我们才有机会不断地看清自己的心之所向。

不管哪一种失去，都是人生的历练，它会倒逼我们思考生活的意义、反省自身的不足。也许这些失去本就是生命布置给每个人的功课，只有把这些功课修好，人才会日益走向成熟。

痛苦是经历，蜕变是结果，这才是失去的真正意义。

人生中总有一些失去，是为了成全更强大的你。请相信，那些失去，都是来助你的。

你可以坚强，但不要逞强

35 岁时，我被调出工作了 11 年的部门，有了自己独立的办公室，门牌上写着我的新职务——总经理助理。虽然薪资待遇没有变化，但我的工作职责和工作量却少了许多。我不免纳闷，这些工作，我在原来的岗位上照样可以干，为什么还专门安排个虚职？

一段时间后的晚上，我正准备睡觉，却得知一个消息：原部门与我关系要好的同事将升职为行政总监。消息来得太突然，我一下子睡意全无，那个让我纳闷的问题被我从头到尾串联出一个答案：如果我继续留在原来的岗位，无论是从资历还是级别上，都是女同事升职路上最大的阻碍。虽然这是我听到消息后瞬间的开悟，但我从内心认定，这是真的。

同事年龄比我小，工作能力很强，是公司重点培养的对象。从公司大局考虑，升职在情理之中。我理解公司这样做的原因，但内心依然五味杂陈，无法平静：为了别人的顺利升职，我像个皮球一样被另踢他处。而且这么大一件事，我身边最敬重的领导和我当成好友的同事，肯定早就知道，但他们全都对我屏蔽了消息。

我安慰自己，从工作流程上讲，他们都必须保密，那是他们的职责。但这个理由完全无法压制这件事带给我的痛苦，我感觉自己像被困在一座孤岛上，四周都是等着看我笑话的人。

我告诉自己：一定要坚强，不能让那些别有用心的人看到我狼狈的模样。

白天，我假装平静地上下班，跟其他人一样给同事送上祝福，一起去参加她的升职宴请；与圈子里的同事关系如常，没有任何情绪上的波动。可一到晚上，我就失眠，内心的煎熬化作泪水，洇湿了枕头。

这样的状态持续了半年多，那些内心与痛苦搏斗的白天和黑夜，直到现在想起来依然历历在目。当时，我以为我自己很坚强。现在回头看，感觉那时候的自己真幼稚，痛苦是自找的，逞强也是跟自己过不去。因为一个人只能决定自己如何对待别人，而决定不了别人怎么对待自己。自己能决定的，向好而行；自己不能决定的，就接纳发生。

人不仅要有争取的勇气，更要有顺应的智慧。顺应不可逆转的事实，生活中才会少些痛苦。

我曾在网上看到网友分享自己小时候逞强的故事。

有人说，为了让小伙伴觉得自己很勇敢，从房顶上跳下来，把膝盖摔破了。有人说，本来不想打架，却不想被人小看，最终硬着头皮跟人打架了。还有人说，暴雨涨水漫过了水沟，他为了证明自己吹过的牛强行下水过河，差点被水流冲走。

成年人都知道，这些孩子气的行为都很幼稚。可是在成年人的世界里，类似的现象也并不少见，只是披了一件更复杂的外衣而已：明明承受不了，却要硬扛；明明内心脆弱，却要硬撑；情绪面临崩溃，还要假装云淡风轻……一切，都只是为了向别人展示自己的强大。可是，人都是凡胎肉体，又有谁能无坚不摧呢？一味地逞强，不过是逼着自己放弃内心的需求，活给别人看而已。

人生不可能万事顺意，也不可能十全十美。生活中的不如意总会突如其来，我们当然要坚强面对，但坚强并不等于逞强。坚强是一种优秀的品质，它意味着一个人在遇事时勇于面对和接纳，愿意寻找和发现解决问题的办法；逞强却是把问题搁置，为了让人高看自己一眼而不惜难为自己。

很多人倾向于追求完美，只接纳自己的强，不接纳自己的弱；只接纳自己的好，不接纳自己的差。心理学家利昂·费斯廷格的“认知失调理论”指出这样一种心理状态：如果一个人的内心出现了两个不可调和的认知时，就会出现心理冲突。这种冲突能造成内心不安，转而促使一个人放弃或者改变其中的一个认知，最终迁就另一个认知。也就是说，当事情发生时，一般人的心里会自动生成两种选择：第一种是“做自己”，不管外界对这件事、对自己如何评判，都按部就班地过自己的日子；第二种是“做别人眼中的自己”，把关注点放在“别人怎么看我”，用别人的看法左右自己的做法，活出的是“别人眼中的自己”。活得没有自我的人，常常会放弃第一种选择，一旦第二种选择居于上位，逞强的心理就浮出水面。

硬撑、硬扛、硬求，都是偏执。如果一个人无法面对“别人眼中的自己”，这种由外向内的压力就会迫使我们做出与现实对抗的选择。而坚强却是一种由内向外的力量，推动人直面挫折，正视真正的自己。

害怕被人小看，恰恰是自己首先小看了自己。所以，往往内心脆弱、自卑的人更容易做出逞强之事。而真正坚强的人，根本不需要任何个人标签去标榜自己的强大。

真正坚强的人，强在内心，不强在外表。

那些凭一己之力难以解决的问题，如果学会向外寻求帮助，我们会发现，问题并没有那么难以解决；那些没有能力去做的事，如果不去为难自己，你会发现，结果并没有自己设想的那么糟糕；那些不愿意接纳的事，如果把目光放远，站在未来看现在，那些难以翻越的大山也许都会变成可轻易迈过的小坎……

允许自己也有“弱”的时候，这才是真正的“强”。

记住：坚强不是逞强，不要因为一个劲儿地要强而让自己遍体鳞伤。

低谷中，最能看出格局的大小

2018年，我曾经工作了15年的公司遭遇大火。那座刚用了三年的大型库房，1000多万元的货物，都被烧得面目全非。我的老板，一个60多岁的男人，完全控制不住自己的感情，在大会上哽咽流泪。

最现实的问题是，这场大火直接烧出公司的经济危机，银行催贷、上游厂家催款、客户催货……还有几百名员工等着发工资、报费用。内忧外患像两座大山一样沉沉地压在老板的身上，突如其来的变故，把他的正常生活打了个措手不及。

他本来正在培养新的接班人，渐渐淡出领导层工作，却不得不重新出山，压下痛苦，忙碌地穿梭在银行、厂家、客户之间。与他对接的工作人员，多是年轻有为的帅气白领，论年龄，老板已是对方喊叔叔伯伯的长辈角色；但论工作关系，老板却处在有求于对方的位置；而对于大客户，他更需要言辞恳切地去安抚。

这些工作，平常都是有专人负责的，大家各司其职，各个环节都秩序井然。只是这次，公司遭遇重创，怎样快速协调好多方关系，老板出面才最显诚心，最有说服力。

在公司，他是发号施令的老板，大家都听他的；出了公司的门，他变成了求助者，还得围着别人转。两种身份，两种境遇。但他并没有被老板的身份所缚，反而切换自如。

其实，有人劝过他放弃。损失太大，即使有保险赔付，也不可能弥补所有损失。怎么看，公司都已经元气大损，想要恢复到往日盛景，根本不是一朝一夕能办到的。申请破产，甩掉这副烂摊子，再寻求其他途径轻装上阵，不失为良策。

但他认为，自己不能，也不甘这样做。不管是哪一方合作关系，都是因为信任公司，才一直保持合作。员工们看到公司的困难，早就自发要求，可以先不领工资，甚至表示坚持半年都没问题。别人都还没放弃，他哪里有资格先说放弃。他身上承载着希望，怎能轻易让大家失望。

心理学家阿尔弗雷德·阿德勒认为，人只有在能够感觉到自己有价值的时候，才可以获得勇气。老板走出低谷的勇气，便来自这一股股托举他的力量，他能感觉到自己坚持下去的价值究竟有多大。

创业容易守业难，这么多年，走过的路起起伏伏，在数不清的低谷徘徊。哪一次，他不是咬着牙挺了过去？这次，虽然事情大了点儿，但道理没变。

在家人和员工面前，他哭过；但在合作者看来，他依然是一个铁骨铮铮的倔老头。

这次翻身仗，他打了足有三年，终是靠自己的毅力和坚持，各方资源的鼎力相助，从他人生的最低谷一点点又走了出来。现在，公司还在，合作关系还在，追随他的员工，也都在。

我曾看到过一句话：身处低谷，并不是命运为难你，也许是人生为你奉上的机遇。能不能走出低谷，能走多远，能攀多高，取决于一个人面对低谷时的格局。有格局的人，不看眼前之失，只看长远之得；别人难忍一时之气，他却什么委屈都咽得下。

格局大了，视野就宽了，看问题更全面，解决办法更多，走出低谷的机会自然也多；格局小了，计较就多了，思想变得狭隘，遇事容易推脱责任，走出低谷的机会也就少了。

所以，一个人越有格局，走出低谷的能力越强。

那么，什么样的格局，才能锻炼出这种能力？

一是接纳现实，不抱怨。

许多人在面临人生低谷时，第一反应是抱怨。抱怨命运不济，生不逢时；抱怨怀才不遇，难逢伯乐……说话不经过大脑，逞一时口舌之快，最终能解决问题吗？肯定不能。接纳现实，才能面对问题，才会想方设法去解决问题。

当我的老板面对巨额损失时，心疼到流泪。但即使这样，他也没有一味地抱怨。因为一旦抱怨，就有可能把出现问题的原因完全归咎到别人身上，反而使自己置身事外，也有可能把解决问题的希望寄托在自身以外的力量上。而这种力量并不受自己控制，希望也就难免落空。

所以，老板亲自出面，协调各方关系；事件相关责任人的处理，也只参照公司内部制度。已经出了问题，那就解决问题，而不是翻旧账，搞得人心惶惶。

二是自省，寻找改变途径。

老板是决策者，员工是执行者。执行过程出了问题，执行者固然有不可推卸的责任，而决策者也难辞其咎。也许是决策缺乏监督，也许是决策传达不到位，只有本着“我是一切的根源”的心态去找原因，有针对性地“亡羊补牢”，才有机会把损失降到最低。

在那次大火的后期处理中，老板没有揪住“你们做错了什么”不放，而是从“公司哪里做得不到位”来考虑。分析为什么遭遇低谷，先从自己身上找原因，然后才一对一寻求改变途径。这也是老板深得人心，即使半年不发工资，员工也愿意追随他的原因。

三是坚定立场，不被外界干扰。

当初劝老板放弃的那些人，其实也是出于好意。人到老年，体力和精力都在走下坡路，经济损失巨大，精神受到打击，即使放弃，也是人之常情。

只是，老板放弃容易，几百名员工的生存问题马上又提上日程。本是公司和老板遭遇低谷，如果放弃，责任会从老板身上转嫁到员工身上。

国学大师南怀瑾曾说过：“真正的修行是红尘练心。”

人生高处，练的是“心静”，喧嚣成景，浮华入眼，心静才站得稳；人生低谷，练的是“心定”，繁华落尽，世事清冷，心定才走得远。

格局不是天性，是经历一道道沟壑险滩之后，一点点撑大的心胸；是看过各种或灿烂或灰暗的风景之后，一点点放大的眼界。

如此说来，所谓人生低谷，最终是“低”还是“高”，全凭一个人的格局做主。格局不同，面对低谷的态度自然不同；不同的态度，便决定了不同的人生走向。

心理学家保罗·史托兹在《逆商：我们该如何应对坏事件》这本书中，提出逆商的概念，即一个人应对挫折、逆境的能力大小。

在一个人的人生中，逆商和情商、智商同等重要，即使情商、智商都很高，但格局小、逆商低，同样走不出人生低谷。就像有人所说：衡量一个人是否成功的标志，不是看他登到峰顶的高度，而是看他跌到低谷的反弹力。

打不垮的人，才有资格翻身。

你可以多一些“举手之劳”

不知道你有没有遇到过这些情况。

你马上要进单元楼，前边有个人刚好打开门，你三步并作两步赶过去，对方明明看到了你却好似没看见你，“啪嗒”一声锁了门，把你关在门外；看到两个小男孩打架，周围的人本可以轻松拉开，却只站在旁边当看客，眼看着一个把另一个打哭……

事情都不大，一个人的举手之劳就可以改变结果，但总有人不屑去做。类似的事情每天都在身边发生，虽说是小事，但背后蕴含的却是一个人的处世态度。因为思想狭隘，自私冷漠，所以事不关己，高高挂起。

何谓“举手之劳”？就是在一个人能力允许的范围内，不费时不费力，可以轻松办到的事情。

有些事情，自己去做，也许是举手之劳；但对别人来说，也许是急人所急、雪中送炭。

有一个周末，我跟老公生闷气，开启了冷战模式。吃过午饭，家里人都去午睡，我一个人躺在客厅沙发上，装着一肚子气，翻来覆去睡不着。我一遍遍想那些生气的事，越想肚子越疼，身体慢慢地蜷缩起来，那种绞痛已经到了无法忍受的程度。

刚跟老公冷战，这肚子就疼，以我的犟脾气，再疼得受不了，也不会向他求助，开口服输。但这样疼下去也不是办法，万一是急症，耽误了，再危及生命呢？我越想越害怕，越害怕就越疼。

无奈之下，我悄悄爬起来，蹑手蹑脚地走到门口。我拿下衣钩上的车钥匙，打开房门，弯着腰、捂着肚子走了出去。附近的医院离家也就不到十分钟的车程，我忍着疼开车去医院。

在满腹怨气、委屈、肚子疼的情况下，我坚持把车开到医院对面的停车场。下车的时候，我照样弯腰捂着肚子。停车场的管理员是个30岁左右的小伙，看见我的样子直惊呼："呀，这是怎么啦，这么严重？"边说边跑到车门边，两只手很自然地扶住了我。

当车门"咔嗒"一声关上的时候，他说过的一句话，即使已经过去好长时间，我都记忆犹新。"别怕，我送你过马路。"当时因为疼，我对这句话并没有太大的感触，也无力对他表达感谢。我没有拒绝他的好意，因为我确实需要这样的帮助。

医院里有自己的停车场，但附近的人都知道，里边太挤了，常常没有空车位，大门口还时不时地排出一条车龙。所以，熟悉情况的人去医院就经常把车停放在对面的停车场，虽然停车费稍微贵一点，但好在地方宽敞，车位多，使用方便。

医院和停车场中间隔着一条十几米宽的双向马路，人行道旁边没有红绿灯。小伙子一边小心翼翼地扶着我穿过人行道，一边警觉地观察路况。他一路把我扶进了急诊，刚进门就大声喊："医生！医生！快，这个病人病得很严重！”

急诊科的医护人员听见喊声，直接跑过来接下了我。因为疼，我的注意力完全不在小伙子身上，连声“谢谢”都忘了说。我只知道医生来了，马上就能摆脱疼痛了。

我患的是急性阑尾炎，医生说，这种急症是会要人命的。当我躺在病床上，开始输液，渐渐地不再疼痛，心里才泛起对那个小伙子的感激。我发自内心地想，等病好之后，一定要专门向他表达感谢。没有他，我也可以一个人穿过马路，到达急诊。但有了他，在那段并不长的路上，我就有了一种心灵上的安慰。他对我的搀扶、照顾，给我的精神力量，也成为我记忆里一抹珍贵的影像。

当我病好后，真诚地去感谢他的时候，他竟有些腼腆地说：“都是举手之劳，别往心里去。”他说，他在停车场这边遇见过许多像我这样的情况。有的人送病人，车都停不稳，就着急忙慌地把钥匙扔给他，他会帮他们停好车；有段时间医院规定要戴口罩才能进大门，有的人来看病忘了戴口罩，他便顺手把备用口罩送给他们；有的人从医院出来，坐在车里哭成个泪人，他默默地送上纸巾……

对他来说，做过的举手之劳的事太多，以至于他认为，这些事根本不值一提，就像我们每天吃饭睡觉一样，已经成为他生活中习以为常的事。但他的举手之劳，却给我带来了深深的震撼。犹如行走在沙漠中，突然发现一泓清泉；犹如在风雪寒天中，有人送来暖炉。

我看过这样一个视频。

一个日子过得很普通的男人路遇楼上管道里流出的水，顺手把路边的花盆移到了流水处；大妈推着摆地摊的手推车上台阶，他几个箭步冲上前，帮她推上去；正在街边吃饭，一只流浪狗跑到他的身边，眼巴巴地望向他，他把唯一的鸡腿送给它吃；路边有一对跪地乞讨的母女，他打开钱包，把自己为数不多的钱抽出一张，弯腰放在母女的面前；他带回家几根香蕉，挂在隔壁独居老人的门前；在公交车上，他微笑着指了指自己的座位，让给了站立的陌生人……

看到他的做法，路边的街坊摇着头，表示不理解，毕竟在大家的眼里，他也没过上什么好日子。但他只是如条件反射一般，习惯了向别人伸出援手。

视频里打出字幕：他能得到什么呢？

他什么也没有得到，没有变得更富有，不会上电视，依旧默默无闻。再看，在盆里的绿植长得越来越旺盛，摆地摊的大妈跟他成了熟人，流浪狗送他过马路，乞讨的小女孩能上学了，拿到香蕉的老邻居等他回家后感谢他，公交车上的陌生人对他微笑……

当摆摊的大妈笑着对顾客说“这是多给你的”时，他们面对面，会意地笑了。善良会传递，爱心会放大，一个人可以影响一群人。“他得到的回报是各种情感。”就像视频结尾所说：“他见证了幸福，获得了更深的理解，感受到了爱，有了金钱买不到的幸福。”

虽然举手之劳做善事是他们的习惯，传递爱心与温暖是他们的内心美德，他们也从来没想过，自己要得到什么。但能付出举手之劳的人就像涓涓细流一样，给予干渴的人甘霖，给予无助的人力量。

我曾看到过一句话：你是什么样的人，就会创造出什么样的世界。就像停车场那个小伙子，就像视频里的普通人，因为他们的内心存有正能量，所以总在释放正向的引导。久而久之，他们的身上就会形成一种磁场：吸引爱、理解、感恩、幸福……

别小看“举手之劳”，坚持下去，就是对“福往者福来，爱出者爱返”的最好解释。人生的福报大多潜藏在一个人习惯性的“举手之劳”里。

也许你一直不屑于“举手之劳”的小事，那就尝试去动动手，用不了多少工夫，费不了多少精力。日积月累，也许你体验到的，都是与幸福有关的大事。

别让感情都毁在“理所当然”

在各种寓意美好的节日，朋友圈里常会刮起一股“炫风”，收到礼物的人，一拨儿接一拨儿地晒着幸福。我对朋友说，感觉刚过完一个节日，又来一个节日，这要是光让男人送女人礼物，可真是男人的负担。

没想到朋友说：“你狭隘了吧？为什么不能是互相送呢？好的感情应该是双向奔赴的，一个人的幸福永远比不上两个人的幸福稳固。”

想来的确如此。不管何种形式的感情，一方毫无底线地付出或者一方理所当然地索取都隐藏着破裂的隐患。唯有双向奔赴，才能把双方之间的感情平衡地置于天平的两端。

我曾听一位读者朋友讲一个故事。

他出生在农村，家庭条件不好，但姑姑嫁了个好人家。在他的记忆里，如果家中有解决不了的事情，父母都要找姑姑家帮忙。作为回报，渐渐长大的他也成了姑姑家里的免费劳力。姑姑家装修，他去监工，干杂活；过年贴春联、打扫卫生，他干得比谁都勤快。到后来，姑姑家的女儿，也就是他的表姐，也会将家里的杂事交给他来办。

帮姑姑和姑父干活，他从来没有怨言，但是给表姐帮忙他却感觉很不舒服。每次干完活，他都会被表姐挑毛病，不是这里没干好，就是那里没干好，常常是付出了辛苦，却只得到一堆数落。

他曾向母亲诉苦，母亲劝他，那是表姐把他当自己人，不见外，要是个外人，她肯定不会那么没分寸。可他却认为，如果与一个人关系亲近，就能当着别人的面伤这个人的自尊，那他宁愿自己是个外人。

我很理解他的想法。任何感情，都不能太“不见外”。当你觉得别人的付出是理所当然的时候，感情的天平就失衡了。如果真的在乎这份感情，又怎么会对别人的付出视而不见呢?

人与人之间的感情都是相互的，有付出、有感恩，情感才流动起来。别人本可以不对我们这么好，但他们愿意选择对我们好，这是一件幸运的事情。

尊重，是人际交往的前提。一旦以自己为中心，就容易把别人当成自己的附庸，忽略了对方也有自己的世界。

我曾被一个关系亲密的同事评价为“没有母性”。

那次，我们三个妈妈带着孩子们一起外出用餐，孩子们的饭桌旁是一台立式空调，正值盛夏，空调呈开机状态。在空调的机壳上，贴着一张 A4 纸，上边写着“千万别动空调”几个大大的黑体字。

这台贴着纸的空调激起同事儿子的好奇心，他三番五次地伸手去摸空调的出风口，服务员多次制止未果，正好饭店的老板来到前厅，就大声呵斥了孩子。老板的态度激起同事的愤怒，她大喝一声站起来，开始与老板吵架。事发突然，我条件反射地迅速起身，一边劝说双方冷静，一边制止她的儿子再去摸空调。老板娘跑出来边道歉边解释，饭店的空调刚花大价钱修好，坏了会耽误做生意，所以老板的态度着急了些。同事不听解释，只咬定老板吓着了自己的孩子。

那天的饭没有吃成，吵了一场不大不小的架之后，我们一起回到我家做饭吃。同事就在那个时候说：“姐，你根本没有母性，如果那是你的儿子，被别人那么呵斥，你能无动于衷？”我被她的话惊得哑口无言。

在她看来，不管谁对谁错，作为“一伙人”，理所当然，我该跟她一起向老板宣战。但凭心而论，如果是我的孩子，我也会先教育他区分对错，并不会一味地护短。

我看过一本书叫《过犹不及》，书上有这样一段话：“因为我们想要从别人的身上得到更多的东西，就开始向对方施压，直到对方投降。只是，他们的给予并非出自真心，而是源于顺从，而且给得心不甘、情不愿。”

可以说，每个人都在生活中或多或少地遭遇过情感索取，身陷困扰，自己的内心秩序突然被打乱，充满失望、不满。即使因为珍惜双方之间的感情，按照对方的要求去做了，也体会不到快乐，只感受到压力。

许多人在经历过“理所当然”的情感索取之后，都会反思一个问题——这份感情，该不该再继续下去？感情被消耗殆尽之后，我们就会不由自主地想从这段关系中抽离。所以，总有些感情看似结束得莫名其妙，其实背后都是有原因的。

生活中“理所当然”的索求现象比比皆是，友情尚可挑选，亲情却是无论如何也割舍不断的。比如，有的父母打着“父母之爱子，则为之计深远”的旗号，不遗余力地培养乖孩子，而忽略了孩子内心的真正渴望。因为觉得自己吃过的盐比孩子走过的路都多，所以孩子“理所当然”要听自己的。受得住的孩子，一边割舍自己的需求，一边满足父母的期待；受不住的孩子，自然会叛逆反抗。

再如，有的人会对自己的亲戚说：“你那么成功，借点钱给我有什么为难的？”“不就是帮忙安排个工作嘛，这点小事对你来说还不是举手之劳？”这样的“理所当然”，也让人避之不及。

因为自认为双方感情不一般，所以别人就应该围着自己的要求转。当感情成了谋取私利的手段，亲人、朋友就都成了谋取私利的工具。而别人都有自己的思想，有人选择忍气吞声，也有人选择撕破脸皮。由此，不免会看到父母与子女之间关系决裂，朋友之间形同陌路。

“理所当然”地索取，常常是把自己置于“高高在上”的位置，看不到别人的付出，一旦有丝毫心愿未被满足，便会挑剔对方的过错，埋下感情中的定时炸弹，爆炸只是迟早的问题。要毁掉一份感情，就是这么容易。

想要拔除感情中“理所当然”这颗毒草，可以试试这样做。

第一，正视自己的需求，也尊重对方的需求。在感情中，没有高低尊卑之分，双方之间是平等的关系。大方表达出自己的需求，不盲目索取；尊重对方的需求，有原则地去给予。

第二，学会换位思考。站在对方的立场，感受自己对待别人的态度，摆正自己在感情中的位置，探索最利于感情健康发展的方向。

第三，常怀感恩之心。别人对我们好，不一定是因为我们有多好，而是别人愿意把自己的好给予我们。作为受益者，我们应该“投桃报李”，而不是“恩将仇报”。否则，等到失去时再悔悟，已然晚矣。

第四，学会自省与沟通。感情出了问题，双方都有不可推卸的责任，要从失败的关系中自查自省，真诚沟通，把问题摆在明面上去解决。而不是只看得见对方的错，把自己当成受害者，如果持有这种心态，感情一旦出现问题，就难以挽回。

不失去自我，不自我膨胀，这才是双方在感情中最正确的姿态。

要记住：感情最怕“理所当然”。

什么样的朋友不能结交

关于朋友，季羡林老先生在《知足知不足》这本书中写道："任何人的一生都是一场搏斗。在这一场搏斗中，如果没有朋友，则形单影只，鲜有不败者。如果有了朋友，则众志成城，鲜有不胜利者。"

跟许多人一样，朋友被季老先生放在了人生中至关重要的位置，至于在现实生活中能不能遇到三观契合、心意相投的朋友，那就因人而异了。有的人很幸运，身边总有知己二三；而有的人，终其一生都难觅知音。

在我看来，真正的朋友就应该是各自人生里的光。身处黑暗，会互相照亮；身披锦绣，懂得彼此欣赏。

回忆这些年自己身边来来去去的人，在一张张面孔快速划过记忆的时候，才惊觉，原来我已顺其自然地把几种人推出自己的朋友圈。"大浪淘沙"，他们可能曾与我同行，但却没有成为朋友的缘分。

交朋友的首要原则：见不得你好的人不能结交。

有段时间，我被调去分公司做行政管理工作，平常跟我私交很好的一个同事正好是那里的财务负责人。调过去没多长时间，我就享受到每月 1000 元的车辆费用补助，没想到这引来她的不舒服。随后不分场合大小，她总拿这事挤对我，导致我俩的关系变得尴尬、紧张起来。我从她的表现中感受到嫉妒、不甘，不由想起一句话：有的朋友是希望你过得好，但不能比他好。

社会心理学家利昂·费斯廷格提出的“社会比较理论”认为，人们通过和他人进行比较来判断自己的实力和价值，并维护自尊。

从这方面解析，她在与我的比较中处于心理劣势。因为我不费什么工夫得来的东西，正好她求而不得。她认为，我俩各种条件不相上下，凭什么我比她强，得到的比她多？于是便催生出内心的负面情绪。

比较的结果有两种。一是对方比自己强，然后就像我的这位同事一样，嫉妒别人拥有的，心里不服气，产生自卑，引起焦躁等。二是对方比自己弱，便产生一种高高在上的虚荣心理。

有一句大家耳熟能详的话，没有对比就没有伤害。但偏偏人与人之间，尤其是亲近的人之间，如亲人、好友、邻居、同事等，常常会不由自主进行对比，然后引发双方之间的矛盾。见不得别人好，是隐藏在内心的一种人性之恶，当这种恶肆意生长，就成为横亘在朋友之间一堵无法攀越的信任之墙。

喜欢落井下石的人不要结交。

我在做行政工作之前，做过半年财务工作，那是我步入社会的第一份正式工作。我从小对数字不敏感，上学的时候也是这个原因导致严重偏科。但对于一个女孩子来说，能安安稳稳干一份财务工作是许多家庭的期待，我就在家人安排的这条路上乖乖地往前走着。

在内心胆怯、心不甘情不愿的情况下，我才干不到半年便出现差错。因为跟钱有关，我惶惶不可终日，眼看着瘦了下去。就在我身处人生旋涡的中心，晕头转向之际，我曾经的带班师父竟又把我往沟底推了一把。她给我打电话，说她手中还有我的一份财务凭据，需要还她 7000 块钱。我大概记得结过这份手续，但她说手中有凭据，我不免心惊。

那时候，因为是新员工，我本还没有完全融入环境，再加上工作出现纰漏，已被部门和公司轮番批评，承受着同事们的指点和议论，这张凭据的出现更是让我焦头烂额。

庆幸的是，当她提出为我考虑，私下解决这件事，也就是让我悄悄还她 7000 块钱时，我果断选择如实上报部门。我是犯了错误，面临被开除的结果，但我不能稀里糊涂地自己赔钱，最起码赔也要赔得心服口服。

就因为我的这个举动，她的阴谋被戳穿。那张凭据我确实处理过，有记录可查。但当部门调查时，她拿出的那张凭据是撕过后又用透明胶带粘在一起的。也就是说，在这张凭据作废后，她不怀好意地捡起来拼接在一起，伺机从我这里捞一笔。

她可是我的第一个带班师父，我踏入职场后第一个信任的人，却因为这件事，让我的内心蒙上阴影。因为她，我不敢再轻易地相信别人。在我转岗行政后的多年里，我的工作越干越顺利，但无论她对我有多热情，我都把她当作一个普通同事，不再有信任和尊重。

对于这种只考虑自己利益、不惜伤害别人的人，谁又敢拿出真心跟她做朋友呢？

我曾看到网上有人提问：“遇到落井下石的人怎么办？”有条高赞回答是这样的：“努力变得优秀，让他望尘莫及。”这也是我的选择。

最重要也是最容易被人忽略的一点：只会抱怨的人，不要轻易结交。

我有个邻居，快 30 岁了，一直被家人催婚。他在省城打工，工作不稳定，找女朋友也是“高不成低不就”的状态。现实情况是，即使一些条件差的女孩，也根本瞧不上他。

我常常坚持自己的观点：一个男孩子只要踏实肯干，有责任感，哪怕你目前很穷，但绝对有好姑娘愿意跟你谈恋爱。所以我很奇怪，条件不如他的人都谈了恋爱结了婚，怎么他老是单着呢？直到有一次跟他聊天，我发现了原因。

在他跟我聊天的一个多小时里，所有的内容都离不开两个字：抱怨。他说，现在的女孩都是势利眼，一看你没房、没车掉头就走，连个机会都不给你留。为什么要在省城买房子？我在老家又不是没有，背着房贷，却自己勒紧裤腰带，这就是爱慕虚荣。我工作不稳定怎么啦？我都没嫌弃她，她凭什么嫌弃我……

没钱、没房、没车，这个暂且不说，先说他安于现状，不求上进，推卸责任……我告诉他，我是个女孩的话也看不上他。他把现实中所有的不如意都归于外因，却将自己撇得干干净净，从他的言谈中看不到未来生活的希望。

不是我条件不好，只怨别人的要求太高，这是他的人生理念。可他不给别人希望，别人又凭什么给他机会？

其实，社会上像他这样一穷二白的小伙子太多了，只不过有的人天天寻思着改变现状，一直在努力，从他们的身上，能看到生活变好的希望。而像这位邻居一样的人却天天在抱怨，原地踏步，不肯为改变现状做出一点儿实际努力。哪个女孩敢轻易把自己的人生托付给一个“在半空飘着的人”？

抱怨源自没有生活目标，认不清现实，逃避社会责任。只会抱怨的人，他到哪里，哪里就被负能量包围。跟这样的人成为朋友，自己也会成为负能量的接盘侠、传播者，直接影响自己的人生。

对于这样的人，我们改变不了他们，更不能给他们机会改变我们，所以，远离最好。

社会是一个大能量场，每个人就是组成社会的小能量场。在这个小能量场里，是正能量还是负能量占主导地位，除了自己这个关键因素，朋友更是不可跳过的一环。

交友意在心相通，步同频，人生顺意时能把酒言欢，失意时可相互扶持。而不是你身在高处，还得时时提防他放冷箭；也不是你身处低谷，他却用“事不关己，高高挂起”的姿态俯视你，冷眼旁观看笑话。关于“什么样的朋友不能结交”，每个人的内心都有自己的一本账。

庄子说：“莫逆于心，遂相与为友。”朋友在精不在多，缘分可遇不可求，当自己的朋友圈变得风清气正，人生自然多有坦荡。

看见别人的好，比发现别人的坏更难得

年轻的时候，我总喜欢跟阳光的人交朋友，人到中年才发现，每个人都有另外的一面，有光有影才是真实的世界。有时候感情出现了变数，不一定是人变了，而是我们对关系的期待过高，反而过于关注别人的瑕疵。

在我们的生活中，有这样一类人并不少见。他们不看自己得到了什么，只看自己没得到什么；看不见别人对自己的好，只发现别人对自己的坏。

有些人与朋友诚心诚意相处，却因为向对方讨了一次债，便成为对方口中“不值得相交”的人；有些领导花同样的心思培养员工，却因为只能推荐一人晋升，成了其他员工吐槽的“偏心眼儿”；有些人面对单位的加班任务，常常是呼之即到，只因为有特殊情况偶尔请假，就被领导认为“偷奸耍滑”……在每个人所承担的社会角色中，都或多或少遭遇过这些被人曲解、贴上“坏”标签的事情，因为做不到100% 让对方满足，之前所有的付出就都被清零。

心理学上有一个“近因效应”可以解释这种现象。一般人在与熟人交往时，最新出现的刺激物会促使其形成心理印象。也就是说，无论对一个人有多好，都可能会因为一次不好，造成对方对我们做出“坏”的判断。一个人若陷入“近因效应”的怪圈，就会屏蔽别人的好，放大别人的坏。

生活中的诸多不如意，并不是生活本身有多不如意，而是因为有些人“庸人自扰”，纠结自己得不到的东西，挑别人的刺而已。

人若不知足，生活也难得圆满。

把自己当成世界的中心，就容易自我膨胀，索求过多。

人的本性是“向上”的，追求更多，也想要得到更多。人际关系中也是如此。见别人待我六分好，便会期待下次有七分，这是人性使然。但实际上，哪怕别人只示三分好，也值得我们去回报——毕竟，他原本可以不这么做。

能看见别人的好，是一种高贵的品质。这种品质，贵在内心充盈。一个人在本自具足的情况下才能发自内心地“看见”他人，看见他人的付出，欣赏他人的“好”。反之，内心虚弱，则会始终关注自己的需求，若能满足就觉得对方是好人，若不能满足就会觉得对方对自己有亏欠。

“见自己，见他人，见众生”是三个不同的人生境界。每个人最初都只能看见自己，明确自己想要什么、清晰自己付出了什么；经历了足够多的阅历，才会懂得去珍惜自己的所得，珍惜别人的给予，此时才能看见他人；看见过足够多的人，见识过足够大的世界，才会发现万物都有灵，众生皆可爱。

如果一个人只能看见自己，那这一辈子恐怕都会在计较中度过。内心的贫瘠让他们无法感恩。在人际交往中，总向朋友索取，就会觉得朋友始终对自己有所亏欠；在亲密关系中，总向爱人索取，就会觉得爱人怎么做都不够好。因为他们只能看到自己缺失的那一部分没有得到满足——而缺失的这部分，恰恰是他们自己需要补起来的内在力量，是无论外界给予多少都无法填充的。

一个以自我为中心，只发现别人的“坏”，看不见别人的“好”的人，注定过得不快乐。他们会困在自己编织的怪圈里，在挑剔和怨恨中无法自拔。

我始终相信，人与人之间有磁场存在。当我们真心欣赏他人的时候，他人是能够感应到的，想要吸引更多正能量的人靠近、想要拥有更好的人际关系，必然要从“看见他人”开始。

一个人过得是否幸福，与他得到了多少东西关系不大，却与他的欲望息息相关。心存热爱与感激，无论得到多少，他都能感受到人与人之间的温情，生活于他而言也更有乐趣。

多看别人对自己的好，少揪别人对自己的坏。欲望有度，所得皆喜。

让自己开心，是一种能力

2015 年，我果断辞职，去当我心心念念的全职妈妈。没想到的是，现实根本不是我想象的样子，我的内心一直被孤独和失望占据，过得一点儿都不开心。

当初，因为工作太忙，我陪伴女儿的时间很少。即使在她生病住院的时候，我都请不下假去陪护。在对女儿日甚一日的亏欠中，儿子渐渐长大，要上小学了。我脑子里就认定一件事：我必须辞职去陪他们。

我满怀信心地冲进全职妈妈的队伍，把女儿和儿子都带到省城读书，却发现陪伴孩子的过程中有太多的琐碎杂事，跟我期待的岁月静好完全不是一回事。原来，家庭并不比职场轻松，一样要花心思去经营。

尤其在儿子考不好的时候，我心里又生气又后悔。生气的是，自己付出辞职、搬迁、租房这么大的代价陪读，结果儿子的成绩不拔尖不说，反而我稍有松懈，他的成绩就可能掉到中等偏下。我天天盯着他一对一教育、辅导、服务，他可倒好，竟然考不过其他家里不怎么管学习的孩子。

我后悔自己当初太冲动，倔脾气一上来，非要去当“贤妻良母”，任谁都拦不住。要不是自己真正走上这条路，还在职场中挣扎求生的我，指不定有多向往这样的生活。

有句网络名言说："自己选择的路，跪着都要走完。"我当时就是这样的想法。有委屈憋心里，怕说出去别人笑话；有不甘默默地使劲，怕别人看出我"争强好胜"；有抱怨只敢当着老公的面说，其他人我谁也不相信。

当大脑被太多的不良情绪控制，我变得喜怒无常、郁郁寡欢。我的情绪直接影响到老公，他忙完一天回到家里，还要常常看我的脸色行事，只怕说错哪句话，我又对他冷嘲热讽，寻衅吵架。

有一次，老公小心翼翼地跟我聊天："不行的话，你就再去上班吧。"

"那可不行，上班太不自由，我要陪孩子。"

"可你这样的陪法，一点儿都不开心，我怕这样下去，你会得心理疾病。"

心理疾病？我从没想过，在老公的意识里，我的表现已经到了"心理疾病"的边缘。明明我还是一个热爱心理学，考过心理咨询师资格证的人啊。现在，我竟然有了"心理疾病"的倾向。

在我彷徨思考着出路的时候，同学的妈妈又告诉我一件事。一个孩子对儿子说："我觉得你妈妈可温柔了。"儿子的回答是："也许是吧，是我妈妈会装温柔。"

是啊，在儿子的同学眼里，我向来都是和颜悦色、柔声细语的，还常常邀请他们到家里玩，给他们准备好吃的喝的。可对儿子，我却常常只盯着他的缺点，放大他不如别人的地方，把他当成跟别的孩子攀比的工具，当成检验我全职妈妈战绩的砝码。我一边折磨他，一边折磨自己。

儿子的这句话，对我的打击很大。原来，在他的心中，我是个两面派。在外人面前，我是“兔妈”；在家里，是他眼中的“狼妈”。这样的生活，儿子没有真正的开心，我也没有。

其实，我不是不喜欢全职妈妈的生活状态，我是不满意自己做不出成绩。在我的认知中，全职妈妈教育出的孩子应该是样样拔尖的。而我自认为，儿子的成绩就是他的一切，结果无疑是让我失望的。

不甘心走回头路，又纠结于现实的烦恼，我搞得整个家里气氛压抑。我意识到，如果这种状况持续下去，不仅达不成我做全职妈妈的目标，也会对孩子造成沉重的心理负担。

我迫切地想要改变。当时，我正在看“积极心理学之父”马丁·塞利格曼的书——《活出最乐观的自己》，里面提到的两个反方向的概念引起了我的兴趣。

一个叫“习得性无助”。书中解释：习得性无助是一个放弃的反应，源自“无论你怎么努力都于事无补”的想法。另一个叫“习得性乐观”，指人的乐观主义的态度是可以培养和学习的，它虽不是万灵药，却可以保护你不受抑郁的侵害。

面对眼前的生活问题，何去何从，我从这两个概念中找到了方向。我照样盯着儿子，只不过换了一种方式，少盯着缺点，多看看优点。儿子非常安静，画画和搭积木时，能一个人沉浸其中一两个小时。儿子善良，班里的同学都爱找他玩，院里比他小的孩子，都喜欢跟他做游戏。儿子的英文发音特别棒，准确清晰，声音响亮。儿子写故事作文常常被表扬，故事有趣，特别有画面感……

越仔细想，儿子的优点越多，而每一个优点都可能成为他将来行走世界的依仗，我又何必杞人忧天。

其实，不管是在职场上打拼，还是在家做全职妈妈，这两条路，没有一条是好走的路。无论我选择走哪一条，都会有失望和后悔。同样，哪一条路也都有它的价值和意义。最关键的，不是选择走哪条路，而是走上一条路之后，自己用什么样的心态去面对。

当初辞职，成为全职妈妈的时候，我是开心的。终于得偿所愿，是件值得庆贺的事。不到两年的时间，我却把“开心”弄丢了，只剩下焦虑、烦躁、压抑。

人生，不如意事十之八九，谁又能保证自己总是一帆风顺呢？事情有好赖，心情有好坏，而拥有让自己开心的能力，才能拥有平和的心态、理智的思路、安静的力量，才更容易聚焦问题的关键所在，对症下药。而不至于眉毛胡子一把抓，把浑水越搅越浑。

当“开心”成为你对抗人生难题的武器，成为你整个人的气场，更多对你有利的资源才会被你吸引而来，事情的结果自然向好而生。

跟闺密们聊天的时候，常常聊起女性易得的几种疾病：乳腺增生、乳腺癌等。大家都说，千万自己想开点，别生闷气，否则会把自己气出病来。刚开始的时候，我觉得这简直是一种谬论。得病了，可能是遗传、环境影响、身体免疫力差、运气不好等等，唯独这个“气出病来”最不靠谱。

但是，当身边陆续出现这样的病人，当听过许多医生的诊断之后，我相信了这个结论。心情不畅，没有发泄的渠道，转换不成积极的心态，日久天长，气滞淤堵，最先受到伤害的就是自己的身体。

《红楼梦》中的林黛玉、《家》中的梅芬，因为生活不如意，眼里看的、嘴里说的，都是悲凉。长期过得不开心，身体机能被阻滞，又怎么会有好身体、好运气呢?

如此看来，让自己开心的确是一种很重要的能力。这种能力，就是解决生活问题的能量来源。

叔本华说:“让我们开心或痛苦的，不是客观事物本身，而是我们对它们的看法。”遇见好事自然开心，这是一种与生俱来的情绪；遇见坏事能调整好心态，让自己冷静面对，这是后天可习得的能力。

开心的人，并不是事事都顺心的人，只是遇到不顺心的事，他们有调整好自己心态的能力而已。调整心态的能力越强，解决问题的途径才会越多。

世间无完美，当你学会用宽容、欣赏的眼光看世界，看到的光多了，阴暗的东西自然就少了。

面对问题，与其痛苦纠结，不如开心面对。心若向阳，生活必然敞亮。

图书在版编目 (CIP) 数据

向阳生长，不负此生 / 田青青等著. —北京：中国法制出版社，2023.8

ISBN 978-7-5216-3753-3

Ⅰ.①向…　Ⅱ.①田…　Ⅲ.①人生哲学—通俗读物　Ⅳ.① B821-49

中国国家版本馆 CIP 数据核字(2023)第 135004 号

策划编辑 / 责任编辑：陈晓冉　　封面设计：杨鑫宇

向阳生长，不负此生

XIANGYANG SHENGZHANG，BUFU CISHENG

著者 / 田青青　薛笨笨　陈小木　倾　城

经销 / 新华书店

印刷 / 三河市紫恒印装有限公司

开本 / 880 毫米 ×1230 毫米　32 开　　印张 / 6.5　字数 / 150 千

版次 / 2023 年 8 月第 1 版　　2023 年 8 月第 1 次印刷

中国法制出版社出版

书号 ISBN 978-7-5216-3753-3　　定价：36.00 元

北京市西城区西便门西里甲 16 号西便门办公区

邮政编码：100053　　传真：010-63141600

网址：http://www.zgfzs.com　　**编辑部电话：010-63141835**

市场营销部电话：010-63141612　　**邮购部电话：010-63141606**

（如有印装质量问题，请与本社印务部联系。）